Silke Scheuermann
Gerade noch dunkel genug

Frankfurter Poetikvorlesungen

Schöffling & Co.

Erste Auflage 2018
© Schöffling & Co. Verlagsbuchhandlung GmbH,
Frankfurt am Main 2018
Alle Rechte vorbehalten
Satz: Reinhard Amann, Memmingen
Druck & Bindung: Pustet, Regensburg
ISBN 978-3-89561-379-1
www.schoeffling.de

Gerade noch dunkel genug
Frankfurter Poetikvorlesungen

Nacht oder Sterne sind Mathematik

Neulich wurde mir nach einer Lesung die Frage gestellt, was denn für mich das Prosa- vom Lyrikschreiben unterscheide. »Woher wissen Sie, ob aus einer Idee ein Gedicht wird oder ein Roman?«, wollte die junge Frau aus der zweiten Reihe wissen, die zum Sprechen aufgestanden war, und sah mich gespannt an. Sie trug einen schwarz-weiß gestreiften Pullover, in den sie zweimal hineingepasst hätte.

Ich zählte eine Menge Unterschiede auf, angefangen mit meinem Arbeitsrhythmus, der beim Romanschreiben eher mit einem Büroalltag zu vergleichen ist, während ein Lyrikband quasi in Schüben entsteht, mal ein paar Stunden nachts, mal frühmorgens, unterbrochen von Reisen, Ausstellungsbesuchen und intensiver Lektüre. Was die Thematik angeht, gibt es ebenfalls Unterschiede: Ein Gedicht steuert auf kurzem Raum viel rascher die ganz großen Fragen an: nach dem Leben und seiner Vergänglichkeit, nach dem Glück und dem Leid, der Liebe und dem Tod. Jeder Mensch stellt sie sich, Naturwissenschaftler werden von ihnen angetrieben, doch diese Rätsel widersetzen sich. Auch kein Dichter wird sie endgültig lösen können, das weiß ich bereits, bevor ich mit dem Schreiben anfange. Doch was ich kann, ist: sie auf meine eigene, persönliche Art und Weise neu stellen, mit meiner Stimme, beeinflusst von den Ideen, Konflikten und Erkenntnissen dieser Zeit jetzt. Ich kann das Gedicht zu einem Raum werden lassen, den so noch nie jemand betreten hat.

»Natürlich handeln auch Romane von Tod, Liebe, Glück und Unglück«, sagte ich, weil die junge Frau im Zebra-Look immer noch wartend dastand, »aber der Fokus ist viel enger gefasst: Romane behandeln Probleme, wie sie sich bestimmten Charakteren stellen, zu einer bestimmten Zeit, an einem bestimmten Ort. Ein Roman ist ein soziales Kunstwerk. In einem Gedicht steht das lyrische Ich ganz allein da.«

Nun schien sie zufrieden: »Also ein Unterschied wie Tag und Nacht«, fasste sie zusammen und setzte sich wieder.

Ich nickte: »So kann man es sagen.«

Ich war selbst ein wenig überrascht, wie gut mir ihre Zusammenfassung gefiel.

Die Lesung hatte in der Nähe von Frankfurt stattgefunden, ich fuhr am späten Abend noch heim. Während ich aus dem Fenster der S-Bahn hinaussah und doch nichts sah als verschwommene Umrisse meines Spiegelbilds, das Glas war nämlich viel zu dreckig, musste ich wieder an die Formulierung »wie Tag und Nacht« denken, sie passte wirklich gut. Wenn ich Gedichte schrieb, war ich oft in einer extremen Stimmung, jauchzend glücklich und aufgekratzt oder zutiefst niedergeschlagen, wütend oder enttäuscht, voller Selbstmitleid oder ganz und gar gesättigt und zufrieden. Jedenfalls von einer Stimmung in den Griff genommen, die mir die ganze Welt nur in ihrer speziellen Farbe zeigte, einer Stimmung, so stark, dass ich ihr Ausdruck verleihen wollte, damit sie nicht mich und alles um mich herum verschlang. Dies geschah häufig nicht vor dem Abend, wenn es dunkel wurde – als ob die Dunkelheit den geeignetsten Raum für Lyrik böte.

Mir fiel ein, dass ich irgendwo über Rainer Maria Rilke gelesen hatte, »Nacht« sei das am zweithäufigsten verwendete Wort in seinen Gedichten. Was wohl die Nummer eins war? »Seele« vielleicht, »Engel« oder »Gott«, einer dieser Begriffe, die heutzutage nur schwer in Gedichten unterzubringen sind. Das Wort »Nacht« dagegen findet man heute genauso wie vor Hunderten von Jahren.

Zu Hause angekommen, marschierte ich sofort in mein Arbeitszimmer, wo ich den Blick über die Bücherregale links und rechts vom Schreibtisch wandern ließ; dort stehen meine Lieblingsbücher. Auffällig viele trugen die Nacht schon im Titel. Ich zog *Faithful and Virtuous Night* aus dem Regal; das schmale, in Karton gebundene Heftchen war eine der neueren Veröffentlichungen der amerikanischen Dichterin Louise Glück, die ich sehr mochte. Es öffnete sich automatisch an der Seite mit dem Gedicht, das ich besonders oft gelesen hatte. »Midnight« heißt es. Mit Bleistift hatte ich eine Übersetzung an den Rand gekritzelt:

Mitternacht

Zuletzt umfing mich die Nacht
Ich trieb in ihr, vielleicht schwamm ich auch,
sie war wie ein Fluss, dem ich mich hingab,
wie ein Boot, das mich trug. Zugleich
war sie auch über mir wie der Himmel,
sternengespicktes, absolutes Dunkel.

Dies waren die Augenblicke, für die ich lebte.
geheimnisvoll über die Welt gehoben,
zu keiner Handlung mehr fähig,
was Denken nicht nur möglich machte, sondern auch
grenzenlos.

Es gab kein Ende mehr. Ich musste nichts tun,
alles würde getan für mich,
und wenn nicht, war es nicht von Bedeutung.

Was für ein schöner Text, dachte ich; er vibriert geradezu vor Verheißungen. Das Gefühl der umfassenden
Geborgenheit, von dem die Zeilen sprachen, übertrug
sich an jenem Abend sofort auf mich, die ich mich, genauso wie das »Ich« im Text, in der Nacht aufhielt. Der
Schein der einzigen Lampe, die ich angeknipst hatte,
erhellte nur einen kleinen Radius, fiel kaum weiter als
bis zum Regal neben dem Schreibtisch, an dem ich
Platz genommen hatte. Die Möbel und Gegenstände
um mich herum blieben namenlose Schatten; ihre Kon-
turen waren kaum zu erahnen. Ich saß ganz still da, fast
körperlos. Ich war erfüllt von tiefer, geradezu kind-
licher Zuversicht, voller Frieden und Einverständnis
mit der Welt und den Dingen. Nichts war zu tun, alles
würde sich fügen. Alles war *gut*. Vor der offenen Zim-
mertür, mitten im Flur, lag mein Hund und schlief. In
der Stille hörte ich seine langen Atemzüge.

In Louise Glücks Gedicht ist der Körper nicht mehr an
die Schwerkraft gebunden, er schwimmt oder fliegt, die
Elemente tragen ihn. Die Zeilen wirken wie hingetupft,

tastend und vorsichtig reiht die Autorin ihre Vergleiche aneinander, stellt den einzelnen Menschen und das Universum als ineinander verwoben dar, gerade so, als sei niemals eine Trennung beabsichtigt gewesen.

Die Stimmung in »Mitternacht«, die Transzendenz, in der sich alles auflöst, Universum und Ich verschmelzen, kennen wir aus der romantischen Literatur, von Eichendorffs »Mondnacht« etwa, oder von Novalis, in dessen *Hymnen an die Nacht* es heißt: »Wie arm und kindisch dünkt mich das Licht nun – wie erfreulich und gesegnet des Tages Abschied.«

In dieser Tradition der Verklärung wird die Nacht in ihrer Weite zum Raum für Wahrheitsfindung und Erkenntnis, zum Versprechen von Unendlichkeit. In der amerikanischen Lyrik begann die literarische Strömung der sogenannten »hellen« Romantik rund drei Jahrzehnte später – in Deutschland hatte sie da bereits ihren Höhepunkt überschritten –, Ralph Waldo Emerson und Henry David Thoreau zählen zu den Hauptvertretern; Louise Glück kannte sie natürlich; sie feierten die Natur, ihre Wildnis und Weite, als göttlich und sinndurchwirkt. Die Freiheit, die man in ihr fand, war bei ihnen ein beglückender – und zutiefst amerikanischer – Traum.

Während ich meinen friedlich schlafenden Hund betrachtete, musste ich wieder an Rilke denken und daran, wie er, vor allem in seinem Spätwerk, den *Duineser Elegien* oder den *Sonetten an Orpheus*, das gesamte menschliche Dasein, Gut und Böse, Leben und Tod, zu seinen charakteristischen, suggestiven Bildern verschmolz, wie er die Gegensätze auflöste, nichtig machte. Auch er hatte, wie die Romantiker, die Dunkelheit der Nacht zum Schreiben gebraucht, um seine Visionen in Sätze zu verwandeln, so glühend, so schön, dass sie, auch hundert Jahre später gelesen, immer aufs Neue scheinbar aus dem Nichts heraus erscheinen und leuchten: »Wer, wenn ich schriee, hörte mich denn aus der Engel Ordnungen«, beginnen die *Duineser Elegien*.

Doch nicht nur die »hellen« Nächte klingen in Rilkes Versen nach, es finden sich auch Spuren der schwarzen Romantik. Dort ging die äußere Dunkelheit in eine innere, angstbesetzte über, eine, die den Wachenden einsam machte, angriff, seine Psyche so sehr schwächte, dass er zuletzt nur noch im Wahnsinn oder im Verbrechen einen Ausweg sah. Vor einigen Jahren hatte es im Städel Museum eine Ausstellung zur Schwarzen Romantik gegeben, eine ganz fantastische Ausstellung.

Ich war zweimal dort gewesen, beim ersten Mal wegen der Bilder, beim zweiten Mal wegen des ungewöhnlichen Publikums. Es musste sich in der deutschen Gothic-Szene herumgesprochen haben, dass man dort

Gemälde von wunderbar fahlen Leichen sehen konnte, von mondbeschienenen Friedhöfen, monströsen Medusenhäuptern und teuflischen Opferritualen; jedenfalls fanden sich unter den Besuchern eine Menge junger Fans, illustre Gestalten mit dunkel geschminkten Augen in weiß gepuderten Gesichtern. Einige klirrten beim Herumgehen wie Oscar Wildes Gespenst von Canterville mit den Silberketten; ich beobachtete, wie ein beeindruckt wirkender junger Mann sich den schwarzen Hemdsärmel hochkrempelte, um sein Totenkopftattoo mit dem Schädel auf der Fotografie von Erwin Blumenfeld zu vergleichen, im benachbarten Raum kopierte eine weißblonde Hexe sich rasch Füsslis *Nachtmahr* in ihren karierten Ringblock.

Auch ich liebte diese Bilder, doch mehr noch faszinierten mich deren literarische Vorlagen, die unheimlichen Erzählungen von E. T. A. Hoffmann, Adelbert von Chamisso und Edgar Allan Poe, in denen anscheinend harmlose Alltagsdinge ein Eigenleben entwickeln, um gegen den Menschen aufzubegehren und sich an ihm zu rächen, teuflische Elixiere ihre Wirkung entfalten, Spiegelbilder verloren gehen oder eine totgeschlagene, in die Wand eingegipste Katze quicklebendig wieder herausspringt. Letztere Erzählung, »Die schwarze Katze« von Edgar Allan Poe, hatte ich sogar in meinem zuletzt erschienenen Roman untergebracht:

In einer Szene hören der elf Jahre alte Marten und das Mädchen Stella sich die schaurig-schöne Novelle auf einer Hörkassette an und malen dabei die Szenen, die ihnen am besten gefallen.

Ich erinnerte mich daran, dass mich einer der Begleittexte des Ausstellungskatalogs eine Menge neuer Fremdwörter gelehrt hatte: »Oikophobie«, zum Beispiel, was »die Angst vor dem Nachhausekommen« bedeutet, »Anthropophobie«, das war die Angst vor Menschen beziehungsweise deren Gesellschaft, »Asymmetriphobie«, die Angst vor asymmetrisch geformten Gegenständen, »Triskaidekaphobie«, die Angst vor der Zahl 13, und nicht zuletzt »Phobophobie«, was die Angst vor der Angst bezeichnet. Bedauerlicherweise hatte ich noch nie Gelegenheit gehabt, dieses schöne Wissen irgendwo an den Mann oder die Frau zu bringen. (Nun – bis eben gerade.)

Der Hund war aufgewacht und beobachtete mich interessiert – inzwischen balancierte ich auf einem Stuhl vor der Bücherwand, die die ganze Frontseite des Zimmers einnahm, oben standen die Bildbände; ich suchte sie nach dem Katalog zur »Schwarzen Romantik« ab.

Den Katalog fand ich nicht, dafür ein kleineres Buch, das da nichts verloren hatte: *Promises to keep, Was ich versprach, muss ich halten,* eine zweisprachige Auswahl aus dem Werk des amerikanischen Dichters Robert Frost – na, wenn mir hier nicht *der* Dichter der Nacht in die Hände gefallen war. Einsamkeit, Tod, Depression und Kälte waren die Themen, die seine Texte immer wieder umkreisten. Ich überflog das Inhaltsverzeichnis, wo stand noch gleich das Gedicht, das ich als eines der schwärzesten in Erinnerung behalten hatte? »Acquainted with the Night« – »Die Nacht gekannt«, hatte Lars Vollert den Titel übersetzt, und ja, hier ging es um die Nacht, die psychische, um die Depression mit all ihren Symptomen, Ausbruchsversuchen und Zwängen, unter der Frost Zeit seines Lebens immer wieder gelitten hatte.

Ich las den Text erst für mich, dann klappte ich kurzerhand den Laptop auf; ich hatte plötzlich Lust bekommen, die Stimme des Dichters beim Vortrag zu hören, von Robert Frost gab es schließlich eine Menge Tonaufnahmen.

Acquainted with the Night

I have been one acquainted with the night.
I have walked out in rain -- and back in rain.
I have outwalked the furthest city light.

I have looked down the saddest city lane.
I have passed by the watchman on his beat
And dropped my eyes, unwilling to explain.

I have stood still and stopped the sound of feet
When far away an interrupted cry
Came over houses from another street,

But not to call me back or say good-bye;
And further still at an unearthly height,
One luminary clock against the sky

Proclaimed the time was neither wrong nor right.
I have been one acquainted with the night.

Die Nacht gekannt

Ich war so einer, der die Nacht gekannt.
Ich ging bei Regen aus, bei Regen heim.
Ich ging am letzten Stadtlicht noch vorbei.

Ich wusste von den Gassen ohne Freude.
Ich traf den Wachmann auf der letzten Runde
und senkte ungesprächig meinen Blick

Ich stand ganz leise, meine Schritte stumm,
als in der Ferne ein durchbrochener Schrei
aus anderer Straße über Häuser fuhr,

doch nicht als Gruß, nicht als Lebwohl für mich.
Und weiter fort, auf geisterhafter Höhe,
erklärte eine Uhr aus Licht vorm Himmel,

die Zeit sei weder falsch noch recht.
Ich war so einer, der die Nacht gekannt.

»Da siehst du mal«, sagte ich zu dem Hund, der bei den
ersten Worten Frosts hochgeschreckt war, dann aber interessiert gelauscht hatte, »oder besser, da hörst du mal,
wie beiläufig, ja fast schlicht das Original daherkommt.«
Robert Frost hat nämlich zu den Ersten gehört, die die
Alltagssprache in die Lyrik brachten, in den USA ist er
deswegen so etwas wie der Vater der modernen Lyrik.
Seine Gedichte sind immer schlicht und kunstvoll zugleich, keine Übersetzung bekommt das hin. Frost sel-
ber war es, der sagte: »Poetry is what gets lost in transla-
tion.« Poesie ist das, was beim Übersetzen verloren geht.

Ich nahm das Buch mit hinüber ins Wohnzimmer, wo
ich es mir auf dem Lesesessel bequem machte; mein

Haustier, wie immer erfreut, wenn es beachtet wurde, folgte mir schwanzwedelnd. Doch mich interessierte jetzt nur noch das Gedicht: Wie war es gemacht? Was genau stand da?

Ein Spaziergänger streift, anscheinend ziellos und noch dazu mitten in der Nacht, durch die Straßen einer Großstadt, die sich ihm feindlich, verregnet und kalt darstellt. Der gleichbleibende Rhythmus, die regelmäßige Reimstruktur des Textes erzeugen fast so etwas wie Monotonie, was inhaltlich mit der Unfähigkeit des Spaziergängers korrespondiert, an der Außenwelt teilzunehmen, ja sich ihr überhaupt zugehörig zu fühlen. Warum dieser Mann unterwegs ist, wird nicht gesagt, aber es wirkt doch von Beginn an so, als fände er in der ihn umgebenden Schwärze eine Entsprechung für die eigene, seelische Verdunklung.

Kennzeichen der Depression ist ja bekanntlich, dass die Unterschiede nichtig werden und alles so verdammt gleich aussieht; alles Staunen über die Schönheit der Welt, alle Fähigkeit, sich überraschen zu lassen, auch von Kleinigkeiten, sind in diesem Zustand verloren gegangen. Wiederholung und Gleichförmigkeit scheinen zu dominieren. Wie hinter einer Glasglocke spielt sich das Leben ab.

Als der Spaziergänger einem »Wachmann« begegnet,

schlägt er die Augen nieder. Vielleicht will er nicht, dass jemand in ihnen liest, will nichts erklären, nicht angesprochen oder zu etwas befragt werden, vielleicht steht dahinter die Angst, enttäuscht zu werden; vielleicht ist es dieser bemitleidenswerten Person einfach unmöglich, sich aus der Isolation zu lösen; vielleicht kommt hier alles an hemmenden Gründen zusammen. Die Stimmung, von Beginn an verzweifelt genug, wird noch einmal gesteigert, als der unheimliche, abgebrochene Schrei aus dem Nichts in die Stille schneidet. Ich stelle mir den Schrei als einen verstörenden, kreatürlichen Klagelaut vor. Tiere geben solche Töne von sich, wenn sie große Schmerzen haben und sich dabei fast anhören wie Menschen; Menschen in höchster Not stoßen sie aus, wenn sie nur noch aus Körper, aus Leid bestehen und da sonst nichts mehr ist. Wenn ihnen Sprache, Wissen und Kultur verloren gegangen sind. Der Spaziergänger reagiert auf den Schrei, indem er stehen bleibt und lauscht. Für einen Augenblick glimmt in ihm der Gedanke auf, er könne es sein, nach dem gerufen wird – aus welchem Grund auch immer. Wenn ihn auch sonst alles kaltlässt, auf dieser Ebene der Verzweiflung erreicht man ihn anscheinend. Wäre es nicht zynisch, man könnte von Hoffnung sprechen, die in ihm aufkeimt. Aber nein: Der Schrei bricht genauso unvermittelt ab, wie er erklungen ist; wer diesen Laut der Verzweiflung ausstieß oder ob der Spaziergänger sich in Wirklichkeit nicht selbst hörte, der Schrei demnach als seltsame Spiegel-Verzerrung zu lesen wäre, bleibt offen.

Im gewaltigen Bild von Himmel und Uhr, in dem der Text gipfelt, scheint dann eine letzte, große Anstrengung unternommen zu werden, zuerst Sinn oder besser Transzendenz heraufzubeschwören – doch in derselben Bewegung gelingt es Frost hier bravourös, eine solche rettende Aussicht gleichzeitig gar nicht erst möglich erscheinen zu lassen. Die Geisteruhr im Gedicht hängt nicht nur unerreichbar hoch, in »an unearthly height«, auch ihr Zifferblatt ist gar nicht erst lesbar. Die nächste Zeile fängt »unearthly height« dann im unreinen Reim »against the sky« auf, einem umgangssprachlichen und so gar nicht auffälligen Ausdruck, der an dieser Stelle eine neue, schillernde Offenheit entfaltet. Die Uhr, obschon im Himmel hängend, ist kein Teil von ihm; sie gehört da eigentlich gar nicht hin, lese ich daraus. Nicht einmal Zeit und Himmel, diese zentralen, unbeeinflussbaren Faktoren im Menschenleben, vermögen sich noch zur Einheit zusammenzufinden – jeder bleibt für sich. Als mächtige, getrennte Feinde stellen sie sich gegen den Menschen, so wuchtig und unbesiegbar, dass an einen Kampf gar nicht erst zu denken ist. Zuletzt bleibt der komplexe Eindruck einer reinen Metapher, die das Einssein mit der Dunkelheit meint, die innere

Schwärze, wie sie wohl jeder schon empfunden hat. Poesie, die gelingt, erzählt dem Leser von etwas, das dieser kennt, selbst aber nicht beschreiben kann, weil er nicht die richtigen Worte dafür findet.

Bei Frost gibt es keine Hoffnung, weil es keine Transzendenz mehr gibt. Das Uhrenbild ist so bedrückend, weil universell; die Zeit läuft ab, ohne dass sich etwas ändert, Trauer und Schmerz scheinen so grundlos und so allgemein, dass ein Vorübergehen des Zustands kaum mehr möglich scheint.

Ich sah auf die Uhr: Es war gerade eins geworden. Schräg gegenüber der Straße, in der ich wohne, steht die Mathildenkirche. Vor einigen Wochen war dort bei einem Sommergewitter der Blitz eingeschlagen, und seitdem stand die Uhr auf drei Minuten vor sieben. Das Geläut zum Gottesdienst, dem katholischen, funktionierte noch einwandfrei, nur die Zeit konnte man nicht mehr ablesen. Mir wurde fast ein wenig unheimlich zumute, als mir die Parallele zu dem Frost-Gedicht auffiel.

Man kann sich als Leser leicht identifizieren mit diesem »Ich«. Es ist und bleibt bis zuletzt eine Leerstelle im Text. Ist der Mann dreißig, vierzig, fünfzig Jahre, ist er jüngst arbeitslos, betrogen oder geschieden worden, starb seine Mutter oder Tochter – und, ach ja: Handelt es sich eigentlich überhaupt um einen Mann? Wir wissen es nicht, erhalten keine grundlegenden Informationen, wie wir es bei Romanfiguren gewohnt sind. Das Wer, Wann, Wo und Wieso bleibt ungeklärt. Das lyrische Ich kommt geschlechts-, alters-, geschichts- und ortlos daher; ohne Hautfarbe und Herkunft stolpert es gleichsam nackt in die erste Zeile. Unglücklich und unverstanden, oft auch noch psychisch angeschlagen, krank vor Liebe oder Schmerz, soll es dort Heimat finden. Es ist ein Experiment extremen Ausgestelltseins – ohne den Schutz von Psychologie oder Geschichte.

Sie kennen es vielleicht, dieses Gefühl von Überraschung, dass das Gedicht, das Sie da lesen oder hören, genau die Empfindung mitteilt, die Sie gerade haben – bei Songtexten ist es nicht anders. Die Zeilen scheinen von keinem anderen als Ihnen selbst zu handeln. Mir geht es jedenfalls häufig so. Wenn ich lesend auf solch ein Gedicht, das tatsächlich mich zu meinen scheint, treffe, wird es zu einem wunderbar nahen Freund, und ich vergesse es dann so leicht nicht mehr.

Allzu leicht ist man aber als Lesender auch dazu verleitet, das Text-Ich mit dem Autor gleichzusetzen, um die gröbsten Lücken zu füllen. Das kann durchaus Gewinn bringen, oft geht es jedoch gehörig daneben, gerade dann, wenn man beispielsweise einen zeitgenössischen Autoren ganz neu kennenlernt und der Klappentext nichts oder nicht viel hergibt. Mir ging es so, als ich das Langgedicht »alfabet« von Inger Christensen zum ersten Mal las, das von A bis Z die Welt darstellt, wobei es auf einem mathematischen Strukturprinzip, nämlich Fibonaccis Zahlenreihe, aufbaut. Der Name Inger Christensen sagte mir nichts, und ich stellte mir unter dem Gedicht-Ich den vermeintlich realen Autor als jungen Mann vor, als einen sehnigen, mit allen poststrukturalistischen Wassern gewaschenen Akademiker mit ungewöhnlicher mathematischer Begabung, so etwas wie einen in die Gegenwart versetzten Charles Baudelaire.

Doch weit gefehlt: Nicht nur, dass es sich bei »Inger« um einen dänischen Frauennamen handelte, die Frau, zu der er gehörte, war außerdem eine kleine mit grauem Kurzhaarschnitt und dicken Brillengläsern. Ich erfuhr dies, als wir beide zu Volker Panzers Sendung »Die lange Nacht des Gedichts« ins Berliner Fernsehstudio geladen waren, wo ich die damals, im Jahr 2001, als Nobelpreiskandidatin gehandelte dänische Dichterin kennenlernte – unglücklicherweise im Foyer, wo ich sie zuerst für eine der Garderobenfrauen hielt. Sobald sie aber an der Reihe war und vorlas, veränderte sich der Eindruck komplett. Nicht weil sie plötzlich als reale Person präsent wurde. Sie kokettierte nicht mit dem Publikum und erzählte auch keine Anekdoten. Nein, sie las einfach, und das so konzentriert, dass zuletzt nur noch ihr Text den Raum zu erfüllen schien; ihr Körper war beinahe verschwunden. Wie viele Auftritte hatte sie schon, fragte ich mich, und meine Bewunderung für diese Frau, die es weder sich noch den anderen leicht machen wollte, wuchs weiter.

Damals hatte ich selbst schon einige Lesungen abgehalten und gemerkt, dass man sich bei der Lektüre eben doch auch selbst ausstellte, und manchmal war ich besorgt, dass dieser Hauptberuf Lyrik mir zu viel werden könnte, der ständige Umgang nicht nur mit der Nacht, sondern allgemein den intensivsten Gefühlen des Menschen – doch zum Glück hatte ich von Beginn an auch lange Phasen, in denen ich an Romanen arbeitete, als mein Tagwerk, sozusagen. Damit will ich keineswegs behaupten, Romane zu schreiben sei leichter, aber es zwingt mich immer wieder für längere Zeit dazu, hinauszugehen, unter Menschen zu sein, womit ich Menschen meine, die keine Veranstalter und kein Publikum sind. Ich reise, um mir Schauplätze anzusehen und mit Personen zu sprechen, die ganz andere Berufe ausüben als die, die ich kenne, um zu sehen, wie ihr Alltag funktioniert, und um mich in neue Themengebiete einzuarbeiten.

Gottfried Benn, dem als Dichter der Ruf des zynischen Sezierers anhaftet, wird gerne mit seinem poetologischen Einwurf zitiert, Gedichte »entstünden« nicht, sie »würden gemacht«, beim Dichten müsse man das künstlerische »Material kalt lassen«. Im weniger bekannten Nachsatz weist er allerdings ausdrücklich auf den Impuls des Schreibens hin, der eben doch nicht aus der Kälte kommt: Man müsse etwas »heiß empfinden«, erläutert er, nur »um es aufzuschreiben, braucht man einen kühlen Kopf«. Ich stimme ihm zu, denke aber, dass auch ein erster und vielleicht zweiter Entwurf noch heiß sein dürfen, je nachdem, wie viele Anläufe man für ein bestimmtes Gedicht braucht. Erst zuletzt, beim Überarbeiten, ist Distanz gefragt. Durch den bloßen Akt des »Aufschreibens« allein ist selten ein Gedicht entstanden, geschweige denn gemacht worden, aber ohne intensive Gefühle und nächtliche Stimmungen eben auch nicht.

Die großen Dichter vergangener Jahrhunderte haben die Antwort auf diese Fragen bei Gott gesucht, der »da« sei – in aller Abwesenheit natürlich – und Sinn stifte. Der Mensch müsse geduldig das irdische Leben ertragen und sich aufs Jenseits freuen, wo die Erlösung von aller Finsternis garantiert sei. Auch John Milton, der große Verfasser von *Paradise Lost*, war ein gläubiger Mann – selbst dann noch, als er im Alter von dreiundvierzig Jahren erblindete und von da an seine Zeilen diktieren musste. Zu seinen bekanntesten kürzeren Texten gehört das Gedicht, in dem er sich mit seinem

Schicksal auseinandersetzt und sich selbst Mut zu-
spricht – auf der einen Seite, denn der Leser kann auch
ohne dieses Wissen die Blindheit als Metapher verstehen, dann funktioniert es auch. John Miltons Gedicht
»On His Blindness« beginnt mit fragenden Zeilen, bevor wir dann davon hören, wie das »lyrische Ich« den
Verlust seines Augenlichts als ein Schicksal unter vielen,
als göttliche Prüfung akzeptiert und sich mit dem Gedanken tröstet, es diene Gott allein durch das Aushal-
ten dieser Situation, andere hätten es schwerer:

When I consider how my light is spent,
Ere half my days, in this dark world and wide,
And that one Talent which is death to hide,
Lodg'd with me useless, though my Soul more bent
To serve therewith my Maker and present
My true account, least he returning chide,
Doth God exact day-labour, light deny'd,
I fondly ask; But patience to prevent
That murmur, soon replies, God doth not need
Either man's work or his own gifts; who best
Bear his mild yoke, they serve him best. His state
Is Kingly. Thousands at his bidding speed
And post o'er Land and Ocean without rest:
They also serve who only stand and wait.

Das schafft einen Eindruck, zumal dann, wenn man bedenkt, dass Miltons Schaffen innerhalb von Reglementierungen stattfand: Der Dichter hatte sich nicht nur innerhalb der gültigen Weltauffassung zu bewegen, was die Aussage anging – sondern musste sich ebenso den strengen Regeln der Form unterordnen, die damals noch galten – und dennoch: Was für ein riesiges Land er innerhalb dieser Grenzen bestellte, wie groß ist heute noch sein Einfluss!

Heute ist die Wissenschaft an die Stelle der Religion getreten, doch das ändert nichts daran, dass Dichter an den traditionellen Themen weiterarbeiten; wir alle schreiben mehr oder minder bewusst im Dialog mit Vorbildern. Gedichte sind Kettenbriefe durch die Jahrhunderte. Auch wenn wir statt Seele Geist sagen, statt Schöpfung Urknall und Evolution. Auch wenn wir Fachsprachen zu Erkenntniszwecken benutzen: Es geht um dasselbe Wissen, um die Unverhältnismäßigkeit vom großen Weltgefüge und dem kleinen, unwichtigen individuellen Leben mit seinem Schmerz und seinen Hoffnungen.

Der Tod eines einzelnen Kindes aus dem 18. Jahrhundert – um ein Beispiel zu nennen –, was kümmert der uns? Ein kleines Leben, längst erloschen? In unserer heutigen Welt, in der Evolutionsbiologen uns erklären, wie relativ kurz unsere Spezies erst den Planeten bewohnt und wie viel sie dabei schon zerstört hat. Nein, der Tod eines einzelnen Kindes aus dem 18. Jahrhundert hätte uns ohne die rückertschen *Kindertodtenlieder* nicht nur kaltgelassen, wir hätten nicht einmal davon gewusst. Aber so sehen wir staunend, dass der Schmerz der Eltern sich in keiner Weise von unserer heutigen Trauer unterscheidet. Und noch mehr: dass wir gar keine ähnlichen Erfahrungen haben müssen, um Mitgefühl zu empfinden, jenes Mitgefühl, das uns menschlich macht.

Im Gedicht kommt der Relativität der Dinge ein besonderer Stellenwert zu, denn ein Gedicht schafft es nicht nur, in wenigen Zeilen um hundert Jahre weiter zu springen, es kann ebenso das Bild einer ganzen Welt zeichnen. Das unendlich Große und das unendlich Kleine fallen zusammen, das Leiden eines einzigen Tieres, wie Rilkes Panther, der hinter tausend Stäben keine Welt mehr sieht, wird zum universellen Eingesperrtsein der Kreatur.

In diese Gedanken versunken, stand ich auf und ging zum Fenster. Ich sah praktisch nichts, nur das milchige Licht einer Straßenlaterne, die ihr Bestes gab, einen kleinen Lichtkegel ins Schwarz zu schneiden. Wenn keine Farben, keine Menschen den Blick ablenken, sieht man automatisch direkt nach oben, dachte ich und betrachtete den Himmel. Wie so oft war kein Stern zu sehen, kein einziger.

Und obwohl ich die Großstadt und all die verrückten Menschen darin liebe – meistens jedenfalls – und niemals anderswo wohnen wollte als dort, heute störte mich das ein wenig.

Ich musste an die Sternennächte in meiner Kindheit denken, auf dem Land waren sie uns so selbstverständlich erschienen. Ich muss neun oder zehn Jahre alt gewesen sein, es war spät, doch ich konnte nicht schlafen, also schlich ich mich ins Wohnzimmer. Eigentlich wollte ich heimlich fernsehen, doch das Gerät lief nicht, stattdessen sah ich durch die Terrassentür, dass mein Vater im Garten stand und rauchte. Barfuß lief ich zu ihm hinaus, eigentlich erwartete ich, sofort zurück ins Bett geschickt zu werden, doch er nickte mir nur kurz zu, sagte aber ansonsten nichts. Ich stellte mich neben ihn, einfach, um ein bisschen in seiner Nähe zu sein, ihn für mich alleine zu haben. Ich sah wie er nach oben, zu den strahlend hellen Punkten im Dunkel hinauf und regte mich nicht, damit alles so blieb, wie es gerade war.

»Großartig, nicht wahr?«, sagte er plötzlich.

Ich nickte.

»Wenn du in die Sterne siehst, blickst du eigentlich in die Vergangenheit, hast du das gewusst?«

Hatte ich nicht, und Vater erklärte mir, dass die Sterne, die hier so deutlich und klar funkelten, so weit entfernt von uns waren, dass es in Wirklichkeit Milliarden Jahre dauerte, bis das Licht uns und unsere Augen überhaupt erreichte. Bis dahin konnte der Stern längst explodiert sein.

Ich war beeindruckt. »Wie weit ist der da weg?«, fragte ich und deutete auf einen besonders lebendig wirkenden Stern, der, wie es mir vorkam, immer mal wieder blinkte.

Das wusste er nicht. Überhaupt sei das Ganze ziemlich komplex.

Das stimmte. Im Mathematikunterricht ging es bald um große und noch größere Zahlen, solcherart, dass ich die Ziffernfolge auf dem Papier nicht einmal aussprechen, geschweige denn etwas damit anfangen konnte. Die Formeln, mit denen hier operiert wurde, waren so abstrakt, dass ich sie nicht mehr mit mir in Zusammenhang bringen konnte. Sterne, lernte ich damals, Sterne sind Mathematik.

Doch auch wenn ich keinerlei Talent hatte, mich den Sternen durch Berechnungen zu nähern – mein Interesse blieb, flackerte, dem Gegenstand entsprechend, phasenweise schwächer, dann wieder stärker auf.

Während meiner ersten beiden Studiensemester wohnte ich in einem hässlichen Mietshaus im Westen

Frankfurts, eine identische Behausung, ein Stockwerk höher, war an einen Physikdoktoranden vermietet, den ich manchmal im Waschkeller traf.

Ich hatte damals schon angefangen, Gedichte zu schreiben, und die Fragen, die ich ihm stellte, hatten damit zu tun – aber im allerweitesten Sinne und mehr, um für mich selbst Dinge zu erklären. Einmal, das weiß ich noch, hatte ich ihn am Trockner aufgestöbert und gefragt, ob er und seine Kollegen eigentlich glaubten, die Physik sei ein ergründbares Feld, dass also irgendwann alle Fragen gelöst sein könnten.

Nein, das glaubte zumindest die Mehrheit nicht, antwortete er und machte mir dies anhand einer Metapher deutlich. Er benutzte das auf Pascal zurückgehende Bild einer Kugel: Die Kugel des Wissens schwimmt im All des Nichtwissens und wird beständig größer. Mit dem Wachsen des Wissens vergrößert sich die Oberfläche der Kugel, aber damit vergrößern sich auch die Berührungspunkte mit dem Nichtwissen, das automatisch ebenfalls wächst. Dieses Bild kennt die Vorstellung einer Begrenzung des Wissens nicht. Es lässt zwei Deutungen zu, die »optimistische« und die »pessimistische«.

In der pessimistischen symbolisiert der *Radius* der Kugel das Wissen, das dann mit der zweiten Potenz wächst. Die Berührungspunkte zum Nichtwissen, die

Oberfläche der Kugel, wächst mit, und in diesem Fall heißt das: Das Wissen wächst zwar, aber das Nichtwissen wächst schneller.

Nach der optimistischen Deutung wäre es das *Volumen* der Kugel, das das Wissen repräsentiert, nicht der Radius, und dieses Volumen wächst mit der dritten Potenz. In diesem Fall produziert das anwachsende Wissen zwar auch noch viel Nichtwissen, aber das Wissen wächst schneller.

Ein andermal ging es mir um – wie ich meinte – Konkreteres, ich wollte ein Schwarzes Loch in einem Gedicht haben. Ich fand, ich brauchte es dort, also stöberte ich ihn einmal mehr auf. Ich muss dazu sagen, dass der Dialog in die »alte Zeit« fällt, die Zeit vor Google.

»Schwarze Löcher«, sagte er und sah mich nachdenklich an. »Vereinfacht ausgedrückt sind Schwarze Löcher Massekonzentrationen, das Kompakteste, was Wissenschaftler kennen, so kompakt, dass sie sogar das Schnellste einfangen, was die Physik erfassen kann: Licht. Es ist eine der Vorhersagen der einsteinschen Relativitätstheorie, die sich bestätigt hat!«

»Klar«, sagte ich, weil mir der Name Einstein sowie der Begriff Relativitätstheorie durchaus etwas sagten, wenngleich, zugegebenermaßen, relativ wenig.

»Einsteins Theorie besagt«, fuhr er fort, »dass im

Zentrum des Lochs ein beliebig kleiner Punkt unendlicher Raumkrümmung lauert, die Singularität. Aber ist Einsteins Theorie hier ein guter Ratgeber? Sollten wir nicht lieber quantisierte Gravitationstheorien benutzen, um das Zentrum eines Schwarzen Loches zu begreifen? Sitzt dort doch kein ›Punkt‹, sondern ein ›String-Kondensat‹ oder ein singularitätenfreier Raum mit negativem Druck? Wir wissen es nicht. Noch nicht. Die Astronomen kommen immer näher an das Zentrum der Löcher heran. Ich persönlich« – er nickte mir gravitätisch zu – »gehöre zu denen, die erwarten, dass die *direkte* Messung von Gravitationswellen hier einen Durchbruch bringen wird. Sie haben die Masse von Millionen oder gar Milliarden Sonnen. Es gibt Hunderte Milliarden davon.« Er heftete seine leuchtenden Augen auf mich. »Man findet sie in den Zentren von Galaxien, z. B. in der Milchstraße, in der Andromedagalaxie und in Quasaren!«

»In Quasaren«, wiederholte ich.

Er sah mich an: »Also in quasi-stellaren Objekten – Quasare bilden sich, wenn Schwarze Löcher wachsen, indem sie sich große Mengen Materie einverleiben ...«

Vor meinem inneren Auge wuchs eine Art galaktisches Weltraummonster heran, das verdächtige Ähnlichkeit mit den Eiermännchen in den frühen Computerspielen meines Bruders aufwies.

»Es ist eine kleine, extrem energiereiche Region, die heller leuchten kann als die gesamte Galaxie! Quasare blasen Unmengen Energie in den gesamten Weltraum …«, begeisterte er sich, »dabei sind sie meist kaum größer als unser Sonnensystem!«

Ich fand das nun auch nicht gerade winzig, aber ich schwieg.

»Also, die große Frage ist«, nahm er den Faden wieder auf: »Woher kommen diese supermassereichen schwarzen Löcher, diese Giganten unter den kompakten Massekonzentrationen?«

»Keine Ahnung«, sagte ich wahrheitsgetreu. Wie, um Himmels willen, konnten Löcher schwer sein?

Aus dem Gedicht wurde damals nichts, aber ich hatte verstanden, dass sich Wissenschaft und Poesie durchaus ähnelten: Es war in beiden Fällen die Witterung des Unvorstellbaren, die Ahnung, uralten Geheimnissen auf der Spur zu sein, im Großen wie im ganz Kleinen, die den Antrieb darstellte.

Und doch gibt es einen Unterschied: Im Gegensatz zu Gedichten, die die Chance haben zu überdauern, können Theorien »veralten«. Sie werden geboren, und sie sterben, weil eine bessere ihren Platz einnimmt – nicht umsonst versinnbildlicht der mythische Phönix mit seinem Kreislauf vom Leben und Sterben, Wiederauferstehen und erneut Sterben die Arbeitsweise der Wissenschaften.

Ich wandte mich vom Fenster ab und streckte mich. Der Hund tat es mir nach. Ich sah ihm zu, wie er seine liebste Dehnübung absolvierte, die Vorderpfoten nach vorne schob, während gleichzeitig die Hinterbeine senkrecht und durchgestreckt stehen blieben und das Hinterteil in die Höhe ragte: Die Stellung des Hundes, von einem Vertreter der namensgebenden Gattung selbst vorgeführt, ließ selbst erfahrene Yogis vergleichsweise alt aussehen. Ich sah dem Hund zu und war doch eigentlich in Gedanken ganz woanders.

Wenn, überlegte ich, während ich begann, langsam im Zimmer auf und ab zu gehen, der Phönix die Wissenschaften symbolisiert, welche Vogelart könnte für die Poesie stehen?

Die Philosophen hatten bekanntlich schon die Eule für sich beansprucht. Mir fiel kein passender Vogel ein – nur ein Mensch, der sich in die Lüfte erhob, Ikarus. Ja, Ikarus, der war es – Ikarus in jenem Moment, in dem er der Sonne am nächsten kommt, seine Flügel jedoch noch nicht zu schmelzen begonnen haben.

Der mythische Held hat auch andere Künstler inspiriert. Sie kennen sicher die *Landschaft mit dem Sturz des Ikarus*, dieses berühmte Gemälde von Bruegel dem

Älteren, das im Brüsseler Musée royaux des Beaux-Arts hängt, vielleicht auch das Gedicht »Musée des Beaux Arts« von Auden, das wiederum vom Gemälde dort handelt und es deutet.

Der Mythos, das wird leicht vergessen, beschreibt vor dem Sturz allerdings die Geschichte einer Befreiung: Ikarus wurde von König Minos im Labyrinth des Minotaurus gefangen gehalten, und da König Minos sowohl das Land als auch die Seefahrt beherrschte, blieb Ikarus zur Flucht nur dieser eine Weg: durch die Luft. Bei Ovid wird beschrieben, wie vorsichtig der fliegende Ikarus zu Beginn war, wie bemüht, einen konstanten Abstand sowohl zur Erde als auch zum Himmel zu wahren. Erst nach einiger Zeit wurde er übermütig und begann, höher zu steigen.

Es ist der Wunsch, sich von aller Erdenschwere zu lösen, das Streben nach Schwerelosigkeit, es ist der Wunsch der Dichter. Einmal wollen sie beim Schreiben losgelöst sein von Sorgen und Zwängen des Alltags, nur in ihrer Welt, doch vor allem ist es das Ideal für den fertigen Text, der so schwerelos wie möglich sein soll.

Eines meiner allerersten Gedichte handelt von Schwarzen Löchern und den Schwierigkeiten mit der Tradition, der Unverhältnismäßigkeit, die in meinem Anspruch an mich selbst als Autor besteht, obgleich ich doch um meine relative und auch nicht so relative Unwichtigkeit im Leben des Planeten weiß.

Es heißt »Requiem für einen gerade erst eroberten Planeten«, und es kommen darin ein Liebespaar am Fenster, aber auch Schwarze Löchern vor – gewissen Interessen bin ich, wie Sie sehen, treu geblieben.

REQUIEM FÜR
EINEN GERADE ERST EROBERTEN PLANETEN
MIT INTENSIVER STRAHLUNG

Aber was kommt wenn wir uns alle Geschichten erzählt haben zehntausend heiße Geschichten

das Lexikon unserer Luftschlösser durchbuchstabiert ist und wir unseren Stern durchgesessen haben wie das Sofa

auf dem wir uns sehr genau kennenlernten
wenn wir dann stumm am Fenster sitzen und rauchen

Nächte von fast vollkommener Stille
in denen nur deine letzten Sätze nachhallen
Sie sprachen davon daß wir
beide eigentlich Himmelskörper sind

die eine so große Anziehungskraft haben
daß sie nicht einmal ihr eigenes Licht fortlassen

also nicht leuchten sondern schwarz sind
an ihrer Zunge verbrannte Erzähler

Auch wenn ich sie nicht studiert habe und meist popu-
lärwissenschaftliche Abhandlungen lese, profitiere ich
doch als Dichterin ständig von den Erkenntnissen der
Naturwissenschaft. Wenn ich mein »Ich« im Gedicht
in Zusammenhänge bringen will, so ist es nötig, die
Welt zu kennen. Was Dichter dazu beitragen können,
die Welt zu verstehen, ist weit weniger konkret und
auch nicht immer – und schon gar nicht auf den ersten
Blick – so ganz leicht zu verstehen. Die Bildhaftigkeit,
die das Gedicht zu einem besonderen machen kann, es
aus anderen hervorhebt und zeitlos macht, behält ihr
Geheimnis, und immer wieder schließt das auch Leser
aus.

Dabei ist metaphorisches Sprechen an sich überhaupt
nichts Besonderes, auch wenn die Wenigsten sich dessen bewusst sind. Im Alltag benutzen wir ständig Metaphern, verwenden Tausende von figurativen Ausdrucks-
formen. Weil wir, jede einzelne Person, als Körper im
Raum stehen und von dort aus die Welt betrachten, be-

ginnt die Bildlichkeit unserer Alltagssprache schon in den einfachsten, ohne Nachdenken benutzten Worten: Das fängt schon an, wenn wir zu jemandem »aufsehen«, wenn wir ihn bewundern, oder jemanden »Duckmäuser« nennen, der sich unterordnet – wir reden von »Unfug«, wenn sich unsere Behauptungen nicht mal ansatzweise zusammenfugen lassen wie Steine, mit denen mal eine Wand oder gar ein Haus gebaut werden soll. »Der Fuß der Berge« ist genauso eine Metapher wie die »kühle Schönheit« einer Frau, um deren Ausstrahlung es sich eben so verhält, dass wir zurückweichen wie vor einem eisigen Windhauch.

Mir gefällt in diesem Zusammenhang die auf Paul Valéry zurückgehende Idee, dass Poesie eine Sprache innerhalb der Sprache sei, aber eine mit größeren Freiheiten, weil sie sich nicht auf die äußere, sondern eine innere Wirklichkeit beziehe. Diese innere Wirklichkeit erlebt jeder Autor anders, und er muss dafür eine neue Sprache, einen neuen Rhythmus und vor allem neue Bilder finden – solche, die möglichst unvergleichlich sind, aber doch nicht unverständlich. Jeder Autor verwendet zur Darstellung seiner inneren Wirklichkeit für ihn brauchbares Werkzeug, und er arbeitet mit den entsprechenden Bildern – mit Assonanzen, Alliterationen, mit dem Reim, mit Vergleichen und Gegensätzen, und wenn er nichts Passendes im Handwerkskasten findet, so baut er eben auch das Werkzeug selbst – die Bildlichkeit ist ein Hallraum unerschöpflicher Möglichkeiten.

Wenn nun aber eine Bildlichkeit, wie im Gedicht, sich nicht auf eine gesellschaftliche Wirklichkeit bezieht, sondern auf eine innere – wie verhält es sich da?

Nun, zur Gestaltung dieser inneren Wirklichkeit hat der Autor zuvorderst eine wunderbare Freiheit – er kann beispielsweise Adjektive Substantiven zuordnen, die gemeinhin nicht als zugehörig empfunden werden – dann darf der Engel wie bei Rilke »schrecklich« sein, und die Milch schwarz wie in Paul Celans *Todesfuge*. Das wohl meistdiskutierte Gedicht der neueren deutschen Literaturgeschichte beginnt mit dem Bild von der »schwarzen Milch der Frühe«, von der es heißt, »wir trinken sie abends / wir trinken sie mittags und morgens wir trinken sie nachts«.

Je origineller – das meine ich nicht wertend, es kann gut sein oder schlecht – jemand seine innere Welt bebildert, desto schwieriger kann es für den Leser werden. Hin und wieder wurde ich darauf aufmerksam gemacht, dass auch ich gewagte Farbmetaphern verwende und Grün nicht die Farbe des Schmerzes sei, ein Bild, das in einem meiner Gedichte, »Skizze vom Gras«, vorkommt.

»Das Gras weiß, dass Grün die Farbe des Schmerzes ist«, steht da als Schlusszeile. Weil das Gedicht in der

Zukunft spielt, in der alle Pflanzen bis auf ein spezielles Gras ausgestorben sind, und um dieses hartnäckige, allgegenwärtige Restgewächs nun ein ziemlicher Kult getrieben wird, habe ich den Text bewusst mit diesem scheinbar widersprüchlichen Bild abgeschlossen. Gerade weil man Grün als Farbe der Hoffnung kennt, hatte ich auf die Irritation des Lesers gezielt und ebenso darauf, dass man in einem zweiten Schritt eher intuitiv als analysierend versteht, dass da im Hintergrund eben doch noch so etwas wie Hoffnung winkt, auch wenn sie hier unmöglich scheint.

Skizze vom Gras

Es war das Jahr, in dem sie das Ministerium für Pflanzen auflösten,
da die Erde nicht mehr genug Arten beherbergte, für die der Aufwand sich gelohnt hätte. Der Minister und seine Mitarbeiter
wurden Verkehr und Technologie zugeschlagen, der Abteilung,
die schneller wuchs als Organisches.

Die letzten wirklichen Gärten waren die vertikalen.
Sie erforderten sorgfältige Konstruktion und

sehr viel Pflege, ein kostspieliges Hobby,
das sich die wenigsten leisten konnten. Zum Glück
blieben sie lange in Mode, und als sie es dann
plötzlich nicht mehr waren, praktisch über Nacht,
hofften die Architekten auf ein Comeback.

Wenn etwas Gras über alles gewachsen ist, behaupteten
sie,
sagen wir in zehn Jahren, maximal in
einer Generation, werden alle wieder
danach schreien. Sie gaben ihre
Pläne an die Kinder weiter mit dem Hinweis,
man müsse nicht immer
ganz von vorne anfangen,
»wir kamen aus dem Nichts«, sagten sie, »aber ihr habt
uns«.
Die Kinder schüttelten die Köpfe
und wandten sich wieder ihren Bildschirmen zu.

Es war überhaupt eine Zeit der Auflösung. Gras war
das Stichwort,
das einzige, was wirklich noch wuchs, war ein spezielles
Gras
mit unaussprechlichem Namen, daher einfach »das
Gras« genannt;
die Architekten vergötterten es. Ihr Leben drehte

sich um Gras, die Bauherren waren nur Geldgeber,
wenngleich manche verstanden, was vor sich ging.
Die Kindheit der Männer war mit dem Geruch nach
Gras
verbunden gewesen. Alles Gute schien einmal
darin gelegen zu haben, Osternester,
Ausflugsdecken, Jungfrauen, spätere Mütter,
deren Gesichter vor Erwartung
weiß schimmerten.

Zuhause hatten wir die große Reproduktion
einer Wiese an der Wand hängen.
Henry Dargers Mädchen laufen durch das Gras einer
Illustrierten,
nackte, bewaffnete Kinder, Zwitterwesen.
Sie sehen nicht unglücklich aus.
Ich stand so oft staunend vor dem Bild,
als ich ein Mädchen war.
Leben ist Verwundung. Jeder Körper wird früher
oder später mit Material in Berührung geraten,
das ihn altern lässt: Liebe, Sonne, Zeit.
Trotzdem will er mit den Jahren immer mehr,
ein kompliziertes Muster aus Sehnsucht und
Befriedigung beginnt sich zu bilden,
ein kleiner Dschungel
aus allem, was Natur ausheckt, gestaltet

und wachsen lässt. Ab und zu durchquert ihn
ein zynischer Eingeborener,
den du von irgendwoher kennst. Ab und zu
lässt du einen Touristen rein,
das ist aber auch alles. Das reicht.

Ich bin die Tochter des Architekten.
Auch über meinem Schreibtisch hängen
Stickereien mit Sprüchen wie
»Gras ist die sanfteste Habe«,
»Büschel das schönste Wort«.
Ich gebe zu, ich glaube das.
Gras ist ein ehrliches Gewächs,
außerstande, ein Leben in anderen Breiten zu führen.
Gras schätzt den Raum, den wir ihm geben.
Diese Dankbarkeit ist stumm, aber
nicht wortlos; sie findet
Wirte. Manche Dichter sprechen
in ihrem Namen wahre Dinge
leise und schön aus; wie das Gesumme der Bienen
in einem Dickinsongedicht
erfüllt es die Himmel unserer Phantasie.

Ich bin die Tochter des Architekten. Ich sehe den
Zufall,
und ich stelle mir vor, wie der Zufall mich sieht

und über mein gelblich gefärbtes Haar lacht. Darüber,
dass
mir keine Farbe außerhalb der bekannten Palette ein-
fällt.
Rot, Blond, Violett. Rosa wäre auch möglich. Grün.
Und dann?
Alles hat Grenzen. Der Bruch der Konvention
findet innerhalb der Konvention statt,
Auseinandersetzungen über den Realismus sind
obsolet geworden, weil wir alle Wirklichkeiten
gleich behandeln,
gleich schlecht.

Erstaunlicherweise ist Gras nicht nachtragend.

Grün ist Wärme. Jeder Halm wird früher oder später
umgetreten und erhebt sich wieder. Beweise liegen
im Gras, können aufgehoben und näher betrachtet
werden.
Das Picknick etwa hinterließ Spuren;
außer Eiresten auch Plastiktüten und Alufolie.
All das hatte Platz, wurde abgebaut, überwachsen.
Das Gras blieb eine Zeit lang flach, wo die Decke lag,
alle vierblättrigen Kleeblätter waren ausgerupft worden.

Es ist die Zeit nach den vertikalen Gärten.
Hoffnung erstreckt sich ins Horizontale.

Das Gras weiß, dass grün die Farbe des Schmerzes ist.

Im Idealfall entsteht beim freien Gebrauch jener eigenen Sprache, wie Valéry die Poesie nannte, im Gedicht ein Gewebe von Aussage und Klang, das völlig eigene, unvergleichliche Argumentationstechniken erlaubt. Dieses Gewebe kann nur so sein, wie es da steht, und es darf nur auf genau das Ende zulaufen, wörtlich, wie es im Text steht. Sinn und Form sind untrennbar ineinander verzahnt, da lässt sich nichts paraphrasieren, zusammenfassen oder streichen, denn man kann keine Aussage, kein Fazit oder den einen und einzigen Gedanken aus einem Gedicht »herausarbeiten«.

Der Gedanke *ist* das Gedicht, das da vor Ihnen auf der Buchseite steht oder auf der Bühne gelesen wird, er will und kann sich nur so darstellen, er muss genau so gedacht und gesagt sein. Und ebenso verhält es sich umgekehrt: Was Sie da als Gedicht vor Augen haben, ist der Gedanke – genau so, in diesen Metaphern, in dieser Diktion.

Man kann ein Gedicht natürlich, so wie ich es oben versucht habe, interpretierend umtänzeln, abtasten, man kann es auseinandernehmen und in Teilen betrachten. Wenn man sich bei der Annäherung desselben Zeichensystems wie die Vorlage selbst bedient, also der Sprache, fällt auf, was für eine Unmenge an Worten man anhäufen muss, um dieses komprimierte kleine Ding auch nur halbwegs einzukreisen – sehen Sie nur, wie viele Worte ich oben gebraucht habe, um Ihnen meine Lesart von nur ein paar kurzen Strophen von Louise Glück oder Robert Frost darzulegen.

Wie jedes wahrhafte Kunstwerk lässt das Gedicht sich in seinem vollen Gehalt unmöglich in eine andere Sprache übersetzen, weder in die der Philosophie noch der Literaturtheorie oder -geschichte. Solche Untersuchungen mögen aufschlussreich sein, doch sie beleuchten immer nur Teile, Aspekte des Textes.

Außerdem sind sie an ihre Zeit gebunden, oft auch nur innerhalb dieser gültig, und an das Interesse und den Hintergrund des Fragenden. Das ist nicht schlimm, im Gegenteil: Umso stärker und bedeutender steht das kleine Kunstwerk da, glänzt und strahlt mit seinen wenigen Zeilen, wenn es wieder einmal zu einer neuen Lesart inspiriert hat – die dann doch nur annähernd, wenn überhaupt, seine Widersprüchlichkeit und Schönheit beschreibt.

Ich knipste die Stehlampe neben dem Lesesessel aus und brachte das Buch zurück ins Arbeitszimmer. Eigentlich wollte ich es nur wegstellen, um dann endlich ins Bad zu gehen. Doch aus einem Impuls heraus öffnete ich meinen Laptop. Ich wollte wissen, wie es um die Bilder der Nacht in meinen Gedichtbänden bestellt war, benutzte ich die Vokabel oft? Oder vielleicht nur gelegentlich? Und wenn ja: auf welche Weise?

Auf Anhieb fiel mir natürlich der Titel meines dritten Gedichtbandes *Über Nacht ist es Winter* ein. Und sonst? Ich rief die Datei auf, in der meine ersten beiden Lyrikbücher für eine Neuauflage als Sammelband zusammengefasst waren, und gab als Suchbegriff »Nacht« ein. Der Bildschirm zeigte mir 33 Einträge. Das Ergebnis überraschte mich; vermutlich hätte ich nicht einmal auf die Hälfte getippt. Manche Nachtmetaphern waren ziemlich gut versteckt in Texten, wo ich sie gar nicht erwartet hätte, anderswo kündigte die Überschrift sie an: In »Nur die Nächte in Paris waren lang« beispielsweise fand ich die Zeile: »Die Nacht hängt als eine von andern Planeten geknüpfte Fahne herunter«.

Ich griff nun nach dem Buch, weil ich mir die Gedichte lieber im Zusammenhang und auf der gedruckten Seite vergegenwärtigen wollte:

Das Meer wird geöffnet

In dieser Nacht knirschte die Trockenheit
lauter als Holz Der Strand war nicht hier
doch ich konnte ihn holen und ihn dir schicken
Als Werkzeug brauchte ich nur
einen Schriftzug und blaue Tinte Ich hörte
kein Rauschen im Zimmer nur das leise Diktat
dir zu schreiben daß heute
sehr viel in ein überheiztes Schlafzimmer paßt
Diese Nacht föhnte die Heizung den Stoff
die Küche wartete ohne Wände
Niemand traute sich an den Brotkasten
vor dem der Paravent schlief

Manchmal wird die Nacht auch nur beschworen:

Dieses Licht

Wer jetzt nicht mehr schläft, dem näht das Licht Perlen
auf die Stirn, zum Schutz, denn jaspisfarben im Licht des
Türspalts kommen die Fratzen mit dem ewigen, bösen
Lächeln der Sieger. Es könnte die Katze sein, die Kom-
mode,

der Fernseher, irgend etwas Bekanntes, das sich
Sekunden später wieder in seine Bestandteile löst.
Es versetzt dich, für Sekunden, im Übergang, in einen
frei
schwebenden Raum, von außen bewachsen mit winzigen
Blüten, gemacht aus diesem Licht, das es nur zwischen
fünf und sechs Uhr in der Frühe gibt.
Für diesen Raum lohnt sich alles.

Ich legte das Buch beiseite. Wie merkwürdig fremd mir
die Texte geworden waren, als hätte sie ein anderer geschrieben. Abends oder nachts oder wann auch immer.
Letztlich sind wir, dachte ich, nicht nur einander,
sondern auch uns selbst ebenso unverständlich wie die
Welt. Von beidem bleiben wir, vielleicht nicht aus-
nahmslos, aber eben doch getrennt. Die Literatur, ganz
besonders die Lyrik, kann ein »Ich« schaffen, das alles
miteinander in Verbindung bringt, für eine kurze Zeit
zumindest, für die paar Minuten, die es manchmal nur
dauert, ein Gedicht zu lesen.

Ich wollte schon aufstehen und mit dem Hund noch
einen letzten Spaziergang machen, da fiel mir ein, dass
ich noch immer nicht wusste, welches Wort denn nun

dasjenige war, das in Rilkes Lyrik am häufigsten vorkam, noch vor »Nacht«. Ich befragte Google, doch die Suchmaschine hielt keine direkte Antwort bereit; ich musste mich über Stichwörter vortasten. Im »Rilke-Forum«, wo sich Jünger des Dichters die Zitate ihres Meisters aufs Eleganteste um die Ohren hauten, fand sich ein Verweis auf die sogenannten *Rilke-Blätter*, eine mir bis dato unbekannte Publikation, genauer, auf die Ausgabe der *Rilke-Blätter* von 1984. Tatsächlich, da hatte jemand nachgezählt. Das Wort, das Rilke in seinen Gedichten am häufigsten verwendete, war: »vielleicht«.

Im ersten Moment war ich enttäuscht. Aber was hatte ich erwartet? Etwas Originelleres, ein Wort wie Mondkalb oder Milchmädchen? Rilke wäre dann ein merkwürdiger Poet gewesen. Nein, »vielleicht« war schon in Ordnung da oben auf dem Siegertreppchen. Es war kein schlechtes Wort. Es deutete auf Zweifel hin, darauf, dass jemand Dinge infrage und Vermutungen anstellte, interessiert war, aber auch unsicher. In der Lage, etwas offenzulassen.

Ich begann, die angeführten Beispielzeilen zu lesen. War gerade bei »vielleicht, dass ich durch schwere Berge gehe / in harten Adern wie ein Erz allein«, als ich merkte, wie müde ich war, so müde, dass mir fast die Lider zufielen. Die unzähligen kleinen Buchstaben auf dem Bildschirm verschwammen mir vor den Augen, standen auf einmal nicht mehr Schwarz auf Weiß und geordnet in Reihen, sondern schienen sich zu bewegen. Ich blinzelte und sah erneut hin: In der Tat, sie bewegten sich, rutschten mal an den unteren Bildschirmrand, dann wieder formierten sie sich zu einem einzigen dunklen Schwarm in der Mitte oder teilten sich, um in Gruppen an alle vier Ränder zu gleiten. Und sie blinkten. Ja, tatsächlich: Sie blinkten wie Sterne in einer dunklen Nacht. Um Himmels willen, dachte ich, blinzelte, kniff mich in den Oberarm – und sah noch mal hin: Sie blinkten immer noch, jetzt sogar in schnellerem Rhythmus. Vielleicht sah ich vor Übermüdung Sternchen. Vielleicht hatte sich der Text verwandelt und war ein Stück Himmel geworden. Vielleicht war das möglich. Auf jeden Fall war es an der Zeit, endlich die Nacht Nacht sein zu lassen und schlafen zu gehen.

Tag oder Was Mrs Dalloway auch noch dachte

Es war im letzten Herbst gewesen, an einem frühen Morgen am Mainufer, ich war ein paar Kilometer gelaufen; das hatte ich seit Langem nicht mehr getan. Nun stand ich erschöpft da, Hände in die Hüften gestemmt, atmete ich schwer und sah hinaus auf den Fluss. So oft, dachte ich ärgerlich, so oft hatte ich monatelang pausiert mit dem Sport, und jedes Mal war ich schnell wieder fit gewesen, aber jetzt – was war bloß los? Und während ich eine blutrote Sonne über dem anderen Ufer aufgehen sah, eine Sonne, die geradezu comichaft scharf geschnitten über den Himmel fuhr, zählte ich im Kopf alle meine ungesunden Angewohnheiten auf, was eine Weile dauerte, und danach die gesunden, was nicht wesentlich schneller ging, nicht weil ich so viele besaß, sondern weil mir zuerst so gar nichts Rechtes einfallen wollte, auch wenn ich »gesund« sehr großzügig definierte. Meine Laune sank, ich versuchte alle Gedanken

zu verscheuchen und mich auf den Anblick des er-
wachenden Tags hier unten am Main zu konzentrieren.

Vom Wasser stieg leichter Nebel auf, die Weiden
wirkten wie grüne Scherenschnitte, und direkt neben
mir hörte ich laute Quakrufe. Ich erspähte einen Vogel,
die Art hatte ich vorher noch nie gesehen, sie erinnerte
mich ein wenig an einen geschrumpften Reiher. Der
Vogel hatte den schiefen Schnabel erhoben und Richtung Sonne aufgerissen, und er quakte, ja, wirklich,
das war kein Gesang, nicht einmal Gekrächze oder
Geschnatter. Der Vogel quakte. Dabei drehte sich sein
Kopf fast unmerklich immer weiter in meine Richtung – oder kam mir das im Gegenlicht nur so vor? –,
bis er mir direkt ins erstaunte Gesicht zu quaken schien.
Er macht sich lustig über mich, dachte ich, die Augen
auf das seltsam tönende Tier geheftet, das unverdrossen
weiter seine Laute ausstieß. Ich musste lachen, und
meine Stimmung schlug komplett um. Was war schon
passiert? Ich hatte Seitenstechen, na und – schließlich
war ich keine zwanzig mehr. Musste ich halt regelmäßi-
ger Sport machen. Weshalb sollte ich mich über so eine
dumme Sache aufregen, wenn um mich herum ein ganz
normaler Tag auf so spektakuläre Art und Weise begann?

Ich blieb völlig reglos stehen, sah auf den Fluss, sah
zu, wie ein Schwan sich in elegantem Sinkflug im Schilf

des gegenüberliegenden Ufers niederließ und gleichzeitig ein paar Meter vor mir ein Entenpaar mit seinen Küken, angeführt vom Erpel, in der Formation eines vollkommenen spitzen Dreiecks in meine Richtung paddelte, und ich spürte auf einmal große Dankbarkeit in mir aufsteigen, es war, als risse mich eine Welle mit sich.

Wie viele Spaziergänge hatte ich hier am Main schon gemacht, allein, mit Hund oder mit Freunden – und wie viele lagen noch vor mir! Der Sommer war zwar dem Kalender nach vorbei, doch in den warmen, windstillen Nachmittagen glühte er nach, der Himmel war dann babyblau, man konnte sogar draußen sitzen. Was hatte ich doch für ein Glück, dass sich mein Leben hier und jetzt so gestaltete, wie viel schlechter ging es doch anderen.

Ja, ich floss geradezu über vor Dankbarkeit über dieses Geschenk: hier stehen zu dürfen, die Sonne aufgehen zu sehen und den Vogel quaken zu hören, zu atmen und lebendig zu sein, in all meiner Körperlichkeit und mit all meinen Grenzen und Mängeln; selbst der Hund, der gerade Urlaub auf Sylt machte, fehlte mir jetzt nicht, er machte vermutlich gerade mit meiner Mutter einen Strandspaziergang; es ging ihm mit Sicherheit gut, viel besser als hier, wo ich seit Wochen wieder nur am Schreibtisch saß und tippte und er nicht viel geboten bekam. Es war ein vollkommenes Glücksgefühl, das ich gerade spürte, was für ein Augenblick, der mich so reich beschenkte mit Absurdität und Anmut, dachte ich; und ich beschloss, mich nicht zu rühren, um ihn weiter als so grenzenlosen Daseinszustand zu erleben – und das tat ich auch. Der Quakvogel verstummte, doch ich stand weiter einfach nur da – nun, jedenfalls so lange, bis ich merkte, dass ich mitten auf dem Radweg stand und der Kerl auf dem Mountainbike wohl schon eine Weile geklingelt und geflucht hatte, bevor er jetzt voll auf die Bremse gestiegen war und beinahe vom Sattel flog, um an mir vorbeizuziehen, während ich gleichzeitig mit einem ungeschickten Hopser ins Gebüsch die Bahn frei machte.

Sie alle kennen, so vermute ich, solche fast grundlosen Augenblicke des Glücks, der schieren Freude am Dasein, an der eigenen ach so kleinen wie großen Existenz in einer unglaublichen Welt. Es ist ein Zustand, in dem das Bewusstsein hellwach ist und sich Sinneseindrücke, Erinnerungen, Gedankenfetzen zu einem überreichen Daseinsgefühl vermengen – man ist überwältigt, obwohl an sich nichts Überwältigendes geschehen ist, gefriert in der Bewegung ein, will diesen Augenblick festhalten, ihn vielleicht gar analysieren – doch da ist er schon vorbei.

Virginia Woolf nennt solche Augenblicke »moments of being«, Augenblicke des Daseins. Diese seltenen Momente fänden sich, schreibt sie in ihrem autobiografischen Essay *Skizze der Vergangenheit*, inmitten der zahllosen »moments of unbeing«, den »Momenten des Nicht-Seins« also, die einen so großen Teil unseres Alltags ausmachten.

Ständig tue man dies und das, heißt es da, antworte und rede und beschäftige sich, ganz automatisch, fast ohne es selbst zu merken, und schon kurz darauf erinnere man sich nicht mehr daran; »ich weiß jetzt schon nicht mehr, worüber ich mich mit Leonard beim Lunch unterhalten habe«, schreibt sie.

In Woolfs Romanen finden sich immer wieder Schilderungen solcher »moments of being«. In ihrem bekanntesten Werk, *Mrs Dalloway*, finden wir bereits auf der ersten Seite folgende Passage, in der Mrs Dalloway über London nachdenkt:

»Was für Narren wir sind, dachte sie (gemeint ist natürlich Mrs Dalloway), Victoria Street überquerend. Der Himmel allein weiß, warum man es so liebt, wieso man es so sieht, es erdenkend, es um sich gründend, es umstürzend, es jeden Augenblick neu erschaffend; aber die reinsten Vogelscheuchen, die am meisten von Elend entmutigten auf den Türstufen Sitzenden (Trunksucht ihr Niedergang) tun das gleiche; nichts dagegen zu machen, sie fühlte das sicher, durch Parlamentsbeschlüsse, aus genau diesem Grund: sie lieben das Leben. In den Augen der Leute, in dem Schwung, Schritt und Gang; in dem Brüllen und dem Tosen; den Kutschen, Automobilen, Omnibussen, Lieferwagen, den schlurfenden und schwankenden Sandwichmännern; den Blaskapellen; den Drehorgeln; in der Glorie und dem Klingeln und dem seltsamen hohen Singen eines Aeroplans da oben war, was sie liebte; Leben; London; dieser Juni-Augenblick.«

Wie beschwingt, wie fröhlich das klingt, dachte ich an jenem Morgen am Main, nachdem ich auf die beleidigenden Fragen des Radlers, ob ich denn blind sei oder taub oder beides, untypischerweise gar nicht reagiert hatte. Man ließ sich lesend sofort mitreißen vom Strom aus Wahrnehmungen, Erinnerungen und Gefühlen. Die komplexen und doch scheinbar mühelos dahin geworfenen Sätze mit den originellen Bildern darin wirken so zufällig, so leichthin aneinandergereiht, die darin blitzenden Gedankensprünge so authentisch, dass man leicht vergaß, wie viel Neues Virginia Woolf mit ihren experimentellen Romanen, zu denen *Mrs Dalloway* ja zählt, in die Literatur ihrer Zeit brachte, wie viel Altes sie wegräumen musste: Sie schaffte den bisher üblichen,

»allwissenden« Erzähler ab und stellte erstmals subjektives Erleben in den Vordergrund. Sie hatte erkannt, dass das Bewusstsein nun einmal nicht in Absätzen oder Kapiteln funktioniert, sondern sprunghaft, sich überlagernd, simultan, und entwickelte eine gänzlich neue literarische Technik, um das darzustellen: den sogenannten »Stream of Consciousness«, den »Bewusstseinsstrom«, der es dem viktorianischen Publikum ihrer Zeit erlaubte, so tief wie nie zuvor in die Köpfe von Romancharakteren hineinzusehen; sie brachte den Alltag in den Roman und schaffte die Handlung größtenteils ab, dies geschah geradezu zwangsläufig, da bei diesem Verfahren, das so viel Wert auf Details legte, Gewöhnliches ungewöhnlich erschien und Platz beanspruchte. Die dargestellten Zeitspannen schrumpfen entsprechend. Kein Zufall, dass Virginia Woolf und James Joyce – die beide, unabhängig voneinander, ähnliche Projekte vorantrieben – sich entschieden, in ihren Romanen die erzählte Zeit auf jeweils einen – Dubliner respektive Londoner – Tag zu begrenzen.

Ich hatte kürzlich Woolf wiedergelesen und war blass geworden vor Erstaunen darüber, wie viel die Autorin vom menschlichen Geist wusste – und wie präzise sie es darzustellen im Stande gewesen war – und das vor hundert Jahren, noch bevor es Forschungsfelder wie Kognitions- und Neurowissenschaften überhaupt gab. Be-

reits 1924 schrieb sie in dem Essay »Moderne Romankunst«: »Das Bewusstsein empfängt eine Myriade von
Eindrücken – triviale, phantastische, vorbeihuschende
oder solche, die sich mit einem stählernen Griffel ein-
graben. Von allen Seiten kommen sie, ein unaufhör-
licher Schauer von ungezählten Atomen.«

Wie immens schwierig es war, solch eine scheinbare
Authentizität herzustellen, war mir selbst im vollen Um-
fang erst bei meinen ersten eigenen Prosaversuchen klar
geworden, bei denen mir meine Geschichten regel-
mäßig in alle Richtungen hin ausfransten, weil ich mich
beim Schreiben ständig in Details verhedderte, von diesem zu jenem und dann wieder dorthin kam. Ich hatte
gestrichen und gestrichen, bis ich ein paar halbwegs
zufriedenstellende Ergebnisse vor mir hatte. Was wie
wild wuchernde Assoziation wirkte, war sehr wohl be-
schnitten, auch Woolf hatte, das begriff ich damals, sehr
wohl Aussparungen gemacht, den Gedankenstrom ge-
lenkt: Im Bewusstsein von Mrs Dalloway, um bei meinem Beispiel zu bleiben, gab es eben doch eine ganze
Menge Dinge, die Mrs Dalloway auch noch dachte und
von denen wir nichts erfahren, weil sie banal waren,
auf thematische Abwege führten und das Interesse des
Lesers hätten ersticken lassen. Schließlich, das wussten
wir heute – und hatte Woolf schon damals gespürt –
fand »Denken« nicht immer auf der Ebene unseres Be-

wusstseins statt; viele Prozesse liefen völlig automatisch ab, einfach weil wir gar nicht in der Lage waren, mehr als einen winzigen Ausschnitt des eigenen geistigen Geschehens zu überblicken: Selbst auf jemanden, der nur dösend im Sessel sitzt, prasselt schließlich pro Sekunde die unglaubliche Anzahl von elf Millionen Einzeleindrücken ein, unsere Sinneszellen senden permanent Informationen an unser Gehirn: Angefangen mit dem Druck des Sessels auf den Rücken und dem weichen Stoff der Armlehnen, die wir fühlen, bis hin zu Geräuschen in der Ferne, die wir hören, oder dem Nachgeschmack des Salamibrötchens, das wir gerade gegessen haben. Auch wenn Woolf wohl Übertreibung als Stilmittel im Sinn hatte, als sie von »Myriaden« von Eindrücken sprach, die das Bewusstsein empfing, kam sie der Realität damit sehr nahe.

Vielleicht, überlegte ich, während ich die Steintreppe hochkletterte, die vom Fluss zum höher gelegenen Uferweg führte, vielleicht war es genau das, was dem Roman, an dem ich gerade schrieb, zum Ende hin noch fehlte, ein »moment of being«? Die Geschichte meiner Hauptfigur, Marten Wolf, war im Prinzip erzählt, doch sie sollte nicht einfach irgendwann aufhören. Was ich brauchte, war eine Art loser Klammer, und was eignete sich besser? Ich zog das Handy aus der Tasche meiner Trainingshose und warf einen Blick darauf; es war erst kurz nach halb acht. Noch so früh, dachte ich erfreut, und vor mir lag ein ganzer Tag, den ich einzig und allein zum Schreiben hatte. Ich setzte mich in Bewegung, konnte es auf einmal kaum erwarten, zu Hause zu sein und mich an die Arbeit zu machen.

Falls Sie in der vergangenen Woche hier gewesen sind, erinnern Sie sich vielleicht daran, dass ich die Arbeit am Roman als mein Tagwerk bezeichnet habe. Ich wollte damit den Kontrast zur »lyrischen« Hochgestimmtheit, der Ausnahmesituation der Nacht, kennzeichnen. Und ich wollte damit Regelmäßigkeit suggerieren, wenn nicht gar Langeweile.

Denn in der Tat, es passiert nicht viel um mich herum in den langen Monaten des Schreibens. Ich stehe morgens auf, setze mich an den Schreibtisch, arbeite, bis ich mich nicht mehr konzentrieren kann und eine Pause brauche, die den allernötigsten Erledigungen gewidmet ist. Möglichst bald setze ich mich wieder vor den Laptop.

In dieser Zeit lebe ich nicht als soziales Wesen. Treffen mit Freunden werden wieder und wieder verschoben, auf Anrufe reagiere ich gar nicht oder gereizt, ja, selbst von den Nachrichten bekomme ich kaum etwas mit. Ich verpasse Ausstellungen und Kinofilme, die mich eigentlich interessieren, weil sie mich aus der selbstgewählten, geradezu zwanghaften Routine reißen könnten, und das will ich nicht, mit Absicht vermeide ich jeden neuen Reiz. Es ist ein prekärer Balanceakt, während dieser Zeit den Geisteszustand aufrechtzuerhalten, den ich zum Arbeiten brauche – also einerseits nervös und angespannt zu sein, andererseits hoch konzentriert zu bleiben, den Ladenschlusszeiten genauso wenig Beachtung zu schenken wie dem Klingeln des Telefons. Ein Schriftsteller ist einer, der keine Anwesenheitspflicht im eigenen Leben hat.

Gerade in der ersten Zeit, in der ich an einem neuen Roman sitze und noch nicht recht weiß, wohin ich will, habe ich oft ziemlich schlechte Laune. Ich skizziere und überarbeite, lege die Szene neu an und werfe sie dann doch ganz weg. Mit dem ersten Satz eines Romans lege ich Erzählperspektive, Rhythmus, Tempo, ja den ganzen Stil des Buches fest. Mit vorläufigen ersten Sätzen kann ich daher überhaupt nicht arbeiten. Der Ton muss von Beginn an stimmen, daher unterscheiden sich die Sätze ganz massiv. In einer meiner ersten Erzählungen, sie heißt »Krieg oder Frieden« und stammt aus der Zeit meiner eigenen Experimente mit dem Bewusstseinsstrom – genau genommen ist sie als einzige davon übrig geblieben –, lautet der erste Satz: »Mit seinen weißen Altmännerhänden haut der Redner in die Luft, als wolle er dort seine Thesen festklopfen. Alle im Saal hören ihm zu, nur ich bekomme kein Wort mit; was mich betrifft, könnte der Vortrag genauso gut von Raumfahrt oder Tulpenzucht handeln.«

Der Roman *Wovon wir lebten* dagegen beginnt mit einer Frage, die ein elf Jahre alter Junge einem anderen stellt: »Glaubst du, das ist eine tote Nutte?« Der Angesprochene, meine Hauptperson Marten, stellt daraufhin mit der ganzen gekränkten Ehre eines Elfjährigen klar, dass es sich bei der Frau um seine Mutter handele, die keineswegs tot, sondern verloren gegangen sei, weil sie eben abends oft mal über ihrem Wodka einschlafe.

Bis ich meinen Anfang gefunden habe, sind mühsame Wochen vergangen, aber so ist es nun einmal. Doch wenn ich will, dass sich später Leser auf meine neu erschaffene Welt einlassen, dann muss diese glaubhaft sein, stabil, in sich stimmig. Habe ich dann den Ton gefunden, der für mich der richtige zu sein scheint, muss ich an ihn glauben, ihn selbstbewusst beibehalten, sonst werden die Sätze klein und vage, und der Leser fühlt sich nicht sicher in meiner Welt. Das hört sich einfacher an, als es ist, denn natürlich habe ich Zweifel, weiß, dass jede Entscheidung, die ich auf dem Papier treffe, Konsequenzen hat. Dieses Gespräch, diese Begebenheit – sind sie nötig? Sollen sie wirklich so und nicht anders stattfinden? Jede Setzung schließt gleichzeitig zahllose andere Möglichkeiten aus. Doch ich muss meinem Instinkt vertrauen. Zuerst muss sich alles zur Einheit fügen, Zaudern und Herumpuzzeln stören hier nur.

Sofern möglich, lebe ich mein zurückgezogenes Leben sieben Tage die Woche, und das monatelang. Wenn ich Kalender der vergangenen Jahre durchblättere, weiß ich sofort, wann ich einen Roman geschrieben habe: Die leeren Seiten zeigen es mir.

Nun denken Sie vermutlich, puh, wie langweilig das ist, so ein Schriftstellerdasein. Ich kann Ihnen eigentlich nur zustimmen. Einerseits. In Wahrheit scheint das natürlich nur so. Denn mein so wenig präsentes »Ich« oder vielmehr der Rest von ihm, der da abwesend durchs Leben tappt, völlig unberührt von anwachsenden Wäsche- und Geschirrbergen, unerledigter Post, ignorant gegenüber besorgten Verwandten und Freunden – dieses Ich ist unwichtig geworden. Der größere Teil von mir unternimmt gerade eine aufregende Reise.

An jenem Tag, an dem mich der bösartige Radfahrer willentlich beinahe überfahren hätte – in Ermangelung anderer Ereignisse –, an jenem Tag ging ich, kaum hatte ich die Wohnung betreten, in mein Arbeitszimmer, wo ich mich, noch im Trainingsanzug und mit erdverklebten Turnschuhen, an mein Manuskript setzte.

Der Ich-Erzähler Marten Wolf, den das Buch über mehr als eine Dekade seines Lebens begleitet, ist inzwischen ein junger Mann, der »es geschafft« hat. Kaum älter als zwanzig, hat er seine eigene Fernseh-Kochsendung, ist Mitbesitzer eines angesagten Restaurants im Frankfurter Ostend, ein Stadtteil, der sich im Jahr 2008 noch im Umbruch befand, wie hier anwesende Einheimische sicher wissen.

Ich begann zu tippen. Schrieb mitten in die Szene hinein, in der Marten anlässlich seiner ersten ausgestrahlten Fernseh-Kochshow ein Essen für seine Freunde gab. Er hatte für sie den belgischen Klassiker »Lapin à la gueuze« zubereitet, Kaninchen in Biersoße; man unterhielt sich, die Stimmung war prächtig. In der Fassung auf dem Bildschirm vor mir ging Marten irgendwann hinaus in die Küche und tauchte dann mit dem Essen wieder auf. Man probierte, und natürlich wurde er dafür ausführlich gelobt.

Ich änderte das: Marten sollte erst einmal in den Ofen hineinsehen. Er sollte, so dachte ich mir, eine Hitzewelle spüren, und in seinem Bewusstsein würden, plötzlich und nur für Momente, verschiedene Zeitebenen verschmelzen – ein »moment of being«, nicht glücklich, aber erkenntnisreich.

Ich lese Ihnen die Passage in der veränderten Fassung vor. So, wie sie nun auch im fertigen Buch steht:

»Als ich die Ofentür öffne und auf das fertige Gericht sehe, wird mir vom heißen Dampf für einen Augenblick so schwindelig, dass ich mich abstützen und meine Augen schließen muss. Ich verstehe nicht, was mit mir passiert, aber auf einmal bin ich wieder der kleine Junge im Tiergeschäft, der Nicoles Kaninchen im Arm erstickt. Bin wieder elf Jahre alt und spüre erneut diese unglaubliche Macht, bestimmen zu können, ob das Tier weiterleben darf oder nicht.

Ohne es zu wollen, habe ich einen Sprung rückwärts durch die Zeit gemacht, die Vergangenheit ist Gegenwart geworden, ich entscheide mich fürs Töten. Einfach so, ohne Grund, weil ich der Stärkere bin. Meine eigene, tagtägliche Ohnmacht existiert nicht mehr; so lustvoll, so befreiend ist diese Tat. Sofort weiß ich, der Elfjährige, dass ich sie wiederholen werde. Allein der Gedanke reicht schon, und mir geht es besser. Hier *beginnt* etwas. Meine Wut hat eine Richtung, ein Ziel, ein Ritual. Wie viele sind es wohl alles in allem gewesen? Ich klammere mich an die Spüle, mir ist schlecht, mein Kinderherz pumpt so schnell, ich glaube nicht, dass es sich jemals beruhigen wird. Rote Blitze zucken über meine geschlossenen Lider, ich rieche starke Gewürze, etwas Süßliches, es ist magisch. Eine durchgehende Linie führt von dem vergangenen Augenblick hierher zu mir; eines der Tiere liegt nun im Ofen, ich habe es nicht in den Fluss geworfen oder in der Erde verscharrt, sondern es zubereitet und werde dafür von allen gelobt.

Ich mache nichts anderes als damals, nur liegt jetzt eine Schicht Kultiviertheit darüber, zur Tarnung. Ich bin Koch. Bereite für meine Freunde Lapin à la gueuze zu. Dass ich, indirekt, den Auftrag zum Schlachten gegeben, das Töten befürwortet habe – schließlich habe ich das Fleisch bestellt –, das zählt nicht. Ich bin wie der Gecko, der alle täuscht. Um nicht erkannt zu werden, hat er die Farbe eines Holzstücks angenommen: Wer würde darauf kommen, dass da ein Tier lauert? Mir ist schlecht, kalter Schweiß klebt an meiner Stirn. Immer noch halte ich mich an der Spüle fest. […] Wenn ich die Augen schließe, kommen die Bilder, sehe ich mich mit Micha schwimmen, radfahren, lachen; ich sehe Gesichter, meine Mutter, Peter, Rainer, ich höre Stimmen, Geschrei und Geflüster, Nicole weint, ein Gast lobt mich, ein anderer meckert, Micha sieht mich an, Rudi am Steuer, ein Schrebergartengrundstück, ein verwüstetes Bett, orangefarbener Teppich, Glas, eine Katze springt in die Wand, flackernde Momentaufnahmen, mein erstes Soufflé, Stellas Küsse, der römische Platz, ich sehe Tränen, das Grab meiner Mutter, ich sehe vage, unscharfe Bilder, solche, die erst in Zukunft belichtet werden – und alles, was ich sehe, in dieser Schwärze hinter meinen Augenlidern, leuchtet, und gehört mir.

Ja, es ist wirklich alles in Ordnung. Eigentlich noch mehr als das. Ich habe so unendlich viel bekommen. Das ist merkwürdig, denn ich hatte ja keine großen Erwartungen.«

Ich hatte diese Seiten in einem Zug geschrieben, danach lehnte ich mich zurück. Ja, dachte ich, das ist es. Der Schluss. So und nicht anders sollte das Buch enden – mit einer einzigen Anspielung auf Charles Dickens' Roman *Große Erwartungen*.

Dieser »moment of being« erinnerte an die Verhältnisse zu Beginn des Buches: an die Zeit vor der Jahrtausendwende und den elfjährigen Marten, der unter seinem autoritären Vater sowie der labilen, kranken Mutter litt, die Schule schaffen und sich auch noch um seine kleine Schwester kümmern musste. Seine Frustration ließ er damals an noch wehrloseren Geschöpfen aus: an Kaninchen. Das erste hatte er noch quasi aus Versehen getötet – er hatte in der Zoohandlung eines der Tiere, die sein Vater für die bevorzugte kleine Schwester kaufte, im Arm und drückte ein bisschen am Hals des Tieres herum – bei den nächsten geschah es mit voller Absicht; obwohl er natürlich insgeheim wusste, dass sein Verhalten falsch war, hatte er eben doch eine nie gekannte Entlastung gespürt bei seiner Tat, eine

Entlastung, die er in seinem Alter natürlich nicht reflektieren konnte, und die ihm als ein verlockender Ausweg erschien. Für Psychologen sind solche Vorkommnisse »rote Fahnen« im kindlichen Lebenslauf; erste Anzeichen für eine hohe Wahrscheinlichkeit, dass das Kind zu einem gewaltbereiten Mann, einem Straftäter heranwachsen könnte. In meinem Buch, der Entwicklungsgeschichte von Marten Wolf, ließ ich es lange offen, ob Marten nicht eben dies geschähe: Er agiert für lange Jahre immer am Rande der Legalität, doch ich wollte nicht, dass ein späterer Leser dies verurteilte.

Ich speicherte das Manuskript auf einem USB-Stick. Überlegte kurz und schickte es dann auch noch als Anhang an meine eigene E-Mail-Adresse. Sicher war sicher. Wenn mir nun der Laptop gestohlen würde oder Computer und Stick bei einem Wohnungsbrand, einer Überschwemmung oder einem Erdbeben Schaden nähmen: Der Text befand sich sicher in der geheimnisvollen Datenwolke des World Wide Web.

Ein Gefühl großer Zufriedenheit erfüllte mich. Natürlich würde ich erst später wissen, ob und inwieweit die Arbeit getan war. Ich würde das Manuskript erst in einigen Wochen wieder ansehen, mit dem nötigen Abstand, um ihm kritisch gegenüberzustehen. Aber eine erste Fassung war da.

Ich scrollte ein wenig im Text herum, verbesserte hier und da einen Tippfehler, schrieb meinen Namen über den Titel, löschte ihn wieder, denn ich wusste ja, wie ich hieß, dann änderte ich die Schriftgröße der gesamten Datei auf vierzehn Punkt, erfreute mich an der noch höheren Seitenzahl, schaltete den Drucker ein. Ich suchte nach Papier, fand eine neue 500-Blatt-Packung, stellte mit überraschter Freude fest, dass sie nicht ausreichen würde, also formatierte ich die Datei zurück in Zwölfpunktschrift. Mit einem röhrenden Geräusch begann der Drucker mit dem Versuch, die erste leere Seite einzuziehen. Es dauerte ewig, bis ich die ersten zwanzig, dreißig herausholen konnte, was mir diesmal gar nichts ausmachte.

Geduldig saß ich da und dachte an den langen Weg, den ich mit Marten zurückgelegt hatte. Das heißt, Marten hatte es zu Beginn eigentlich noch gar nicht gegeben. Alles hatte damit angefangen, dass ich einen Mann kennenlernte, der mir von seiner Kindheit erzählte und mir damit unwissentlich Material für die ersten Kapitel lieferte. Wären wir nicht zufällig zur selben Zeit im Krankenhaus gewesen, ich wäre wohl niemals mit ihm ins Gespräch gekommen. Doch ich musste an der Bauchdecke operiert werden, ich hatte mich nämlich beim Yoga verletzt – fragen Sie bitte nicht, wie so etwas passiert, es hatte jedenfalls mit einer Rückbeuge zu tun.

Er war mir bereits auf den Fluren der Chirurgie auf-
gefallen, einmal, weil er ziemlich gut aussah, und außerdem, weil er mich vage an eine Jugendliebe erinnerte,
die auf die schiefe Bahn geraten war – Letzteres er-
wähne ich nur, weil es in mir das Gefühl einer merk-
würdigen Vertrautheit hervorrief, von der ich mich
wohl täuschen ließ, sodass ich vergaß, es hier mit einem
gänzlich Fremden zu tun zu haben.

»Wow, du liest ja die ganze Zeit«, sprach er mich an
und setzte sich unaufgefordert neben mich. Ich nickte,
ja, ich las die ganze Zeit, was sonst sollte man tun, wenn
man in einem öden Klinikalltag gefangen war? Wir
kamen ins Gespräch; es stellte sich heraus, dass er annahm, ich beschäftigte mich aus reiner Pflicht mit dem
dicken Buch: weil ich für eine Prüfung lernen müsste,
einen Test zu bestehen hätte, einen Abschluss machte,
etwas in der Art. Dass ich aus freien Stücken las, überraschte ihn.

»Was ist das denn, das du da liest?«, wollte er wissen.

Ich sagte es ihm. Der Name des Autors – ein bekann-
ter Name – sagte ihm nichts. Ich versorgte ihn mit einem
biografischen Abriss sowie einer Einordnung des Werks
in die Literaturgeschichte und war gerade dabei, auf
diesen bestimmten Roman einzugehen, als mir auffiel,
dass er nicht wirklich zuhörte.

Es gab eine Pause.

»Das habe ich nie verstanden«, sagte er dann, »ich meine, wieso sollte es einen interessieren, was mit Leuten passiert, die es gar nicht wirklich gibt? Die sich nur irgendwer ausgedacht hat?«

Er hob fragend den Blick und sah mir direkt in die Augen. Ich blickte entgeistert zurück. Um Himmels willen, das war doch nicht *irgendwer*, der das Buch geschrieben hatte. Und selbst wenn er in seiner Zeit nicht wirklich bekannt gewesen war … Was war das denn für ein Kriterium? Wie kam dieser Philipp auf so etwas Hirnverbranntes?

»Natürlich gibt es die nicht. Es ist ja ein Roman«, bemerkte ich säuerlich.

Er grinste, kramte in der Jeanstasche nach Zigaretten, bot mir eine an. Ich schüttelte den Kopf und verabschiedete mich dann, um wieder in mein Zimmer zu gehen.

Dort dachte ich über seine Worte nach. Nein, so hatte ich es noch nie betrachtet. Für mich waren Romanfiguren seit jeher viel lebendiger und interessanter gewesen als die Menschen um mich herum. Das war seit ich denken beziehungsweise lesen konnte, so gewesen. Madame Bovary oder Mrs Dalloway, Pip und Estella (aus Dickens' *Große Erwartungen*) oder Natalia (aus Tolstois *Krieg und Frieden*) – sie unterhielten mich auf zehn Seiten besser, lehrten mich mehr als das reale Leben in zehn Tagen, nein, zehn Wochen. Ich hatte

Romancharaktere immer schon meinem realen Umfeld vorgezogen. Dass sie »nur« auf dem Papier existierten – also bitte, genauso könnte man umgekehrt uns kritisieren, wir täten es nicht! Nein, ich konnte es nicht wirklich nachvollziehen, und doch versuchte ich jetzt, das nicht zu belächeln, sondern nur als eine Perspektive zu sehen, die für mich nicht infrage kam. Verglichen nicht viele Leser den Autor des Buches mit dem Helden darin? Und fanden sie es nicht häufig viel, viel spannender, wenn etwas wirklich passiert war, am besten dem Autor selbst, da die Schilderung auf diese Weise »echter« wäre, viel mehr »am wahren Leben dran«? Auch Kritiker begeisterten sich dafür.

(Ich muss hinzufügen, dass sich die Begegnung vor Jahren abgespielt hatte. Damals hatte ich noch nicht ahnen können, dass ein prominenter Kritiker einmal verkünden würde, er läse ab sofort keine Romane mehr; er habe all die erfundenen Geschichten satt, was interessiere ihn eine Liebesgeschichte, die sich ein seit zweihundert Jahren toter Russe ausgedacht habe?)

Glaubwürdigkeit war das Stichwort. Poetische Wahrheit, also die Überzeugungskraft des Textes an sich, galt nicht mehr viel. Ein Buch über einen 87-jährigen Nashornjäger, der sich mit einem seiner Opfertiere anfreundete, hatte nun mal schlechte Chancen bei Verlagen, wenn er nicht vom Nashornjäger oder zumindest dessen Frau oder Enkelsohn, sondern von, sagen wir, einer siebzehnjährigen Punkerin verfasst worden war, die Berlin noch nie im Leben verlassen hatte. Obwohl – ich überlegte – in diesem speziellen Fall ... Wie auch immer. Armer Philipp. Wie konnte jemand nicht lesen? Gab es ohne Literatur oder eine andere Form von Kunst überhaupt so etwas wie ein gutes, befriedigendes, glückliches, spannendes Leben, und wenn ja, wie sollte das funktionieren?

Am nächsten Tag trafen wir uns zufällig zur selben Zeit am selben Ort; die Unterhaltung lief besser. Philipp, so erfuhr ich, arbeitete als Schlosser im Industriewerk in Höchst und hatte einen Arbeitsunfall gehabt, daher war er hier. Er war, wie sich immer mehr herausstellte, ein blendender Erzähler, ich lauschte fasziniert, wie er über Vater, Mutter und Schwester sprach, den Vater in wenigen Zügen als Sadisten darstellte, der ihn durchaus geschlagen hatte, na klar, aber die psychologische Ebene sei die eigentlich brutale gewesen, ein totaler Narzisst, dieser Mann. Mir fiel dabei gar nicht auf, dass Philipps Wortschatz, was psychologische Themen anging, vergleichsweise umfangreich war, später erst sollte ich verstehen, dass er ihn von den zahllosen Therapeuten übernommen hatte, die ihn, erfolglos, bei einem drogenfreien Leben unterstützen sollten. Philipps Arbeit war anscheinend sehr gefährlich; die

Kerle, mit denen er privat zu tun hatte, nicht weniger. Sein Optimismus und sein unerschütterliches Selbstbewusstsein beeindruckten mich. Auf mich wirkte er einerseits streetwise – vielleicht sogar ein wenig durchtrieben – und andererseits vollkommen unschuldig: wie einem Dickens-Roman entsprungen, hätte Dickens im 21. Jahrhundert gelebt und geschrieben. Dass er ziemlich manipulativ sein konnte, stellte ich erst später fest.

In mir formte sich die unscharfe Idee zu einem Roman. Hatte ich nicht immer schon ein Buch schreiben wollen, das in einem anderen sozialen Milieu als meinem jetzigen spielte, eines, das auf meine Grundschuljahre im Oberräder Wohnblock verwies, aus dem meine Eltern sich mühsam weggearbeitet hatten?

Als ich entlassen wurde, tauschten wir unsere Handynummern aus, und er meldete sich bereits am übernächsten Tag. Wir freundeten uns an, und dann zeigte Philipp mir den Sommer und einen Herbst über seine Welt, eine völlig kunstferne Welt, in der die Menschen ihre eigenen Dramen nach den großen Masterplots spielten.

Was für eine verrückte Zeit, dachte ich jetzt, während ich die leere Tintenpatrone aus dem Drucker nahm, sie schüttelte und wieder einsetzte, wenn ich daran zurückdachte, wurde mir immer noch ganz mulmig. Waren sie wirklich nötig gewesen, diese Erlebnisse am

Rande der Selbstgefährdung? Was hatte ich in jenem
Sommer gelernt? Nun, einiges, über Geschäfte in den
Hinterzimmern von Boxclubs, die Einkaufspreise ver-
schiedener illegaler Substanzen, über das Automaten-
spiel und das Austricksen von Sozialarbeitern. Aber
gab es darunter etwas, das ich nicht schon vorher gewusst hatte, wenngleich nur in der Theorie?

Ein Aufsatz von Canetti fiel mir ein, wie hieß er noch
gleich? »Die Pflicht ...«, nein: »Der Beruf des Dichters«. Der Schriftsteller, stand da zu lesen, solle sich »für
die unterschiedlichsten Menschen öffnen und sie auf
eine älteste, vorwissenschaftlichste Weise begreifen,
nämlich dadurch, dass er immerwährend in Bewegung
ist, die er nicht schwächen, der er kein Ende setzen
darf – denn er sammelt Menschen nicht, [...] er nimmt
sie lebend auf – da er von ihnen heftige Stöße erfährt, ist
es sehr wohl möglich, dass die plötzliche Hinwendung
zu einem neuen Wissenszweig auch von solchen Begeg-
nungen bestimmt ist.«

Ja, da stand es doch Schwarz auf Weiß: Ich hatte
meine Pflicht getan, nicht mehr oder weniger. Auch
wenn ich nichts gelernt hatte über das Leben, das ich
nicht schon vorher wusste, so war mein Wissen dennoch ein viel zu abstraktes gewesen, es war ein kalter,
immer auch urteilender Blick von außen gewesen. Für
mein Vorhaben hätte es nicht gereicht.

Ohne meine vielen durchgemachten Sommernächte hätte ich niemals einen Eindruck von der Gedanken- und Gefühlswelt von Philipp bekommen, er hätte nie zum Vorbild für meine Figur des Marten werden können; ich hätte seine Freunde von vorneherein für eine Zumutung gehalten und nichts von ihren positiven Eigenschaften und ihren zum Teil wirklich tragischen Geschichten erfahren, nie erlebt, wie er und seine Freunde sprachen und dachten und *wovon sie lebten* – wie mein Roman letztlich heißen sollte – ob von Liebe, Geld, Hass oder Mitleid, vom Sozialamt, Diebstahl, Drogen oder Dosen mit Erbseneintopf.

Ich las weiter in Canettis Aufsatz. Der Autor müsse »Hüter der Verwandlung« sein, »sich verwandeln können in jede Person auch die niederste«. Er müsse »eine Leidenschaft für Verwandlung« in sich tragen, die mehr bedeute als das allzu häufig verwendete Wort »Empathie«. »Nur durch Verwandlung in dem extremen Sinn, in dem das Wort hier gebraucht wird, wäre es möglich zu fühlen, was ein Mensch hinter seinen Worten wirklich ist, der wirkliche Bestand dessen, was an Lebendem da ist, wäre auf keine andere Weise zu erfassen. Es ist ein geheimnisvoller, in seiner Natur noch kaum untersuchter Prozess und doch ist es der einzig wahre Zugang zum anderen Menschen. Man hat diesen Prozess auf verschiedene Weisen zu benennen versucht, es ist etwa von Einfühlung oder von Empathie die Rede, ich ziehe aus Gründen, die ich jetzt nicht vorbringen kann, das anspruchsvollere Wort Verwandlung vor. Aber wie immer man es nennt, dass es um etwas Wirkliches und sehr Kostbares dabei geht, wird schwerlich jemand zu bezweifeln wagen.«

Als ich den Text mit Anfang zwanzig zum ersten Mal gelesen hatte, war er mir nebulös vorgekommen, obwohl er mich andererseits auch faszinierte: Was sollte dieser Einschub »aus Gründen, die ich jetzt nicht vorbringen kann«, was die unscharfe Formulierung vom »geheimnisvollen«, »in seiner Natur noch kaum untersuchten Prozess« – ja, schön, hatte ich gedacht, warum untersuchte er ihn dann nicht einfach selbst?

Inzwischen glaube ich zu begreifen, was Canetti meint. Ich vermute, er hat erfahren, dass es einfach immer wieder anders ist, sich zu verwandeln, dass es ein zum Teil riskanter, zuerst bewusst begonnener, ab einem bestimmten, kaum definierbaren Zeitpunkt sich verselbstständigender Vorgang ist, bei dem es auf Intuition ankommt. Ich glaube auch, dass es jedes Mal aufs Neue zu privat, ja, sogar zu intim wäre, hierzu Genaueres zu sagen.

Außerdem fand ich an diesem Tag auch die plausible

Erklärung, warum mir, der die Anfänge von Büchern sowieso nicht leichtfielen, für *Wovon wir lebten* alles noch einmal um so vieles schwerer erschienen war, warum ich mindestens ein Dutzend Kinderszenen, wie ich sie für mich nannte, für den Mülleimer hatte schreiben müssen. Ich hatte sie gebraucht, um Philipp zu vergessen und Marten kennenzulernen. Anders gesagt, war meine Verwandlung hier ein komplizierterer und noch geheimnisvollerer Prozess gewesen, denn ich hatte nicht nur erstmals aus einer männlichen Ich-Perspektive geschrieben, sondern auch noch ein »Ich« gewählt, das einer anderen sozialen Schicht angehörte als der, in der ich mich üblicherweise bewegte.

Bisher hatten meine Romane unter Akademikern gespielt, und sie hatten Frauen als Hauptfiguren gehabt – Frauen, die natürlich nicht mit mir identisch waren, aber doch nicht gerade entfernte Universen darstellten. Die beispielsweise Berufe ausübten, die mich interessierten, wie Luisa in *Shanghai Performance*, die im internationalen Kunstbetrieb tätig war und zu Beginn des Romans zum ersten Mal in die chinesische Megacity reiste.

Der Blick meiner Hauptfigur war meinem so ähnlich gewesen, dass ich für ihre ersten Eindrücke aus der Stadt sogar Teile des Tagebuches, das ich während meiner ersten Reise dorthin führte, einbauen konnte:

»Ich saß am Sekretär vor dem Papier mit dem Brief-
kopf des Xi Yuan-Hotels, und hier, erst jetzt und in
dieser Entfernung von Frankfurt und dem Leben dort,
begann ich mir einzugestehen, dass es diesmal wirklich
vorbei war. Auf dem Schreibtisch lag meine Armband-
uhr, der milchige Lichtkegel der Nachttischlampe er-
fasste sie gerade noch. Ich musste nicht nachsehen, wie
spät es war; meine innere Uhr meldete es. Ich drehte
mich vom Schreibtisch weg. In der breiten Fenster-
front, die fast die gesamte Zimmerwand einnahm, sah
ich die Stadt und die Nacht. Auf dem dunklen Hu-
angpu River fuhr ein Schiff. Gelbe Strahlen fielen in
einem beweglichen Kranz vom Jin Mao Building, sodass es aussah, als trage das Gebäude einen tanzenden,
futuristischen Rock. Daneben der rosarot illuminierte
Oriental Pearl Tower und das Shanghai World Finan-
cial Center – es war eine Aussicht, für die es kaum eine
erträgliche Dosis gab, und so zog ich die Vorhänge erst
gar nicht zu, auch nicht zum Schlafen. Allabendlich
wurde mir bewusst, dass jetzt, in diesen Minuten, in
denen ich am Fenster stand, draußen um Shanghai
herum, Shanghai erweiternd, Satellitenstädte mit eben-
solchen Hochhäusern in einer unglaublichen Geschwin-
digkeit wuchsen, wirklich wuchsen, es fühlte sich nicht
so an, als würden sie gebaut – es war so rasant, als
drückte jemand von unten, aus dem Totenreich, mühe-

los Nägel mit der Spitze nach oben durch Erde und Asphalt.

Ich starrte auf das Spektakel hinter der Scheibe und versuchte, nicht an die Zukunft zu denken. Der Lärm hatte nicht abgenommen, auch jetzt noch und im siebzehnten Stock des Hotels war er zu hören, ein gleichmäßiges Rauschen des Verkehrs auf mehreren Ebenen. Brüllstadt, dachte ich. Es gab über hundert Städte mit mehr als einer Million Einwohner in China. Das war schwer zu begreifen.«

Im Fall von *Wovon wir lebten* war es anders gewesen: Ich betrachtete nicht eine fremde Stadt und neue Themengebiete unter einem meinem sehr ähnlichen Blickwinkel, sondern ich musste lernen, meine unmittelbare Umgebung anders zu sehen, mit dem Bildungsgrad, der Intelligenz, dem Wissen, den Erlebnissen, den Ängsten und Zwängen meiner Hauptfigur.

Ich selbst spaziere in der Regel zu jeder Zeit, wenn ich hungrig bin, auch alleine in ein Restaurant, und ob da nun viele Leute alleine sitzen oder ich die Einzige bin – darauf achte ich gar nicht.

Marten jedoch, der gerade begonnen hat, professionell Kochen zu erlernen und in seiner Freizeit essen geht, ist sensibel für solche Dinge. Wenn er in ein Bistro

in der Nähe der Alten Oper geht, um das gastrono-
mische Angebot sowie die Klientel kennenzulernen,
hört sich das so an:

»Mir fällt auf, dass ich meist gar nicht der einzige Gast
bin, der allein am Tisch sitzt und isst.

Die schicken Bistros zu betreten, in denen Anwälte
und Banker zum ›Lunch‹ sitzen und sich wichtig nehmen, kostet mich ein wenig Überwindung; ich kaufe
mir extra eine neue Lederjacke, eine echte diesmal.
Schon nach erstaunlich kurzer Zeit komme ich mir nicht
mehr verkleidet vor. Es ist auffällig, wie schrecklich
bemüht diese Lokale sind, sich voneinander zu unterscheiden, ob nun durch Schwerpunktländer (Le Belge)
oder -themen (Käse, Kartoffel & Co.), obwohl sie
zunächst mit ihren Spiegelwänden und Mini-Marmor-
tischchen ziemlich gleich aussehen. Das Publikum ist
schwer beschäftig, ob man nun einzeln dasitzt oder
nicht, es wird telefoniert, notiert, die Zeitung durch-
geackert. Keiner sieht älter aus als Anfang dreißig. Eine
Brünette langt beim Lesen immer mal nach ihrer Gabel;
ich sehe der Hand zu, wie sie auf dem Tisch herum-
tastet, und kann es kaum glauben. Doch wenn ich deshalb zuerst angenommen habe, keiner würde merken,
was sie oder er da nebenher in sich reinstopft, so habe

ich mich geirrt. Im Gegenteil werden Sonderwünsche vorab ausführlich mit dem Kellner besprochen, hier und da geht etwas zurück – nein, ohne Zweifel: Diese Leute nehmen ihren Lunch sehr ernst.«

Ich hatte mich sehr bald für die Umschulung meines Protagonisten zum Koch entschieden, einige Zeitungsartikel hatten mich darauf aufmerksam gemacht, dass hier auch für gesellschaftlich fragwürdige Existenzen die Möglichkeit bestand, gesellschaftlich aufzusteigen. Der Marten im Buch hatte zwar Züge von Philipp behalten – das gute Aussehen, den Erfolg bei Frauen, die Aggressivität, den Hang, sich in künstliche Paradiese zu flüchten, aber er entwickelte sich eben auch völlig von ihm weg.

Ich hatte daraufhin sofort meinen Kumpel Alexander angerufen, der Fotograf war und dadurch über einen ganz erstaunlichen Bekannten- und Freundeskreis verfügte. Und ja, er kannte jemanden, der ein Hotel mit Edelrestaurant besaß. Der seinerseits wiederum einen Sternekoch beschäftigte: Andreas hieß er. Alexander kannte auch ihn. Und klar doch, Andy würde mir mit Sicherheit gerne alle meine Fragen zu den Abläufen in Großküchen, zu ausgefallenen Rezepten, dem Umgang mit Gästen und so weiter beantworten.

Mein zweiter Rechercheblock bot einen angenehmen Kontrast zum ersten: Ich hatte nun mit schwarzen Trüffeln, Crème brûlée, Rosmarin und Kalbsfond zu tun. Bald konnte ich einen Konvektomaten von einer Bain-Marie unterscheiden und hatte jede Menge Stoff für den Aufstieg meines Helden gesammelt – mit dem ich mich wieder an den Schreibtisch setzte. Der reale Philipp begann nach und nach zu verblassen, bis er ganz verschwunden war und ich beim Schreiben nur noch mit Marten zu tun hatte.

In der Realität hatte ich keine Macht über Philipps Schicksal, seine Bekanntschaften, seine Frauen, seine Jobs oder seine Arbeitslosigkeit gehabt; ich konnte weder seinen Drogenkonsum beeinflussen noch ihm die Kindheit umschreiben oder ihm einen Realschulabschluss verschaffen. In meinem Roman gelang mir und ihm all das.

Der Drucker gab jetzt ein würgendes Geräusch von sich: Papierstau. Es dauerte eine Ewigkeit, bis ich die beiden Seiten, die sich verklemmt hatten, in einzelnen Schnipseln herausgezogen hatte und es weitergehen konnte.

Die gerade verstorbene Science-Fiction-Autorin Ursula K. Le Guin schreibt an einer Stelle ihres Essaybandes *The Wave in the Mind*: »Ich fand in meinem Geist und in meinem Körper eine von mir selbst erdachte Person, mit der ich mich so stark, tiefgehend, so wesenhaft identifizieren konnte, dass ich es nicht anders nennen kann als eine Liebe, was ich da empfand – Liebe, ja, vielleicht war es das.« Es sei für sie »ein Akt intensiver Freude, Tag und Nacht in einer Figur zu leben oder, anders ausgedrückt, die Figur in mir leben zu spüren, denn beide Welten, die der Figur und meine eigene, überschnitten sich, befruchteten sich wechselseitig, befanden sich in einem ständigen Dialog«.

Eine Figur haben, so fügt sie hinzu, sei nicht so gemeint, »wie man ein Baby hat, sondern wie man einen Körper hat«. Einen anderen Körper zu haben bedeute, neu zu existieren. Sobald sie diese innere Verbindung zu einem Charakter, einer Figur erlebe, verstehe sie diese voll und ganz, mit Leib und Seele, dann »habe ich die Person, dann bin ich sie«.

Embodiment ist das englische Wort, das Ursula K. Le Guin benutzt. Sie meint damit, denke ich, etwa dasselbe, das Canetti mit dem Begriff »Verwandlung« ausdrückt.

So erklärt sich auch der bekannte Ausspruch Flauberts, der gesagt haben soll: »Emma Bovary c'est moi«, Emma Bovary, das bin ich. Dies ist auf den ersten Blick eine geradezu absurde Bemerkung, wenn man sich vergegenwärtigt, dass sein gleichnamiger Roman von einer unzufriedenen Ehefrau in der tiefsten französischen Provinz handelt, die ihren Mann mit dem erstbesten Beau betrügt, der ihr die große weite Welt verspricht, und die am Ende Selbstmord begeht, da sie sich, um für den Galan möglichst hübsch und pariserisch auszusehen, völlig verschuldet hat. Dennoch identifizierte sich Flaubert während des Schreibprozesses vollkommen mit seiner Figur: »Ich hatte den Geschmack des Arsens so deutlich im Mund und war selbst davon so vergiftet, dass ich mein Abendessen erbrochen habe.«

Betrachtet man aber, worum es auch noch geht in diesem Buch, nämlich um Emma Bovary als Konsumentin von Schundliteratur und um missverstandene Romantik, und bedenkt außerdem, dass Gustave Flaubert vor seinen zu Weltliteratur gewordenen Romanen eine ganze Reihe romantischer Ergüsse veröffentlicht hatte, die seine Freunde entsetzlich fanden, weshalb sie ihm zu einem realistischeren Erzählen rieten, so kann man das Buch insgesamt auch als das Bemühen des Autors lesen, diesen für Schwulst anfälligen Wesensteil seiner selbst exemplarisch sich selbst töten zu lassen.

Und wie verhielt es sich bei Virginia Woolf? Sie schilderte ihre Heldin Mrs Dalloway im Roman als eine kleine, rundliche blonde Dame, also äußerlich als das exakte Gegenteil von sich selbst – was mich nie davon abgehalten hatte, sie mir als Abbild der Autorin vorzustellen, groß, elegant und dunkelhaarig wie diese. Ich vermutete sogar, dass es nicht nur mir so ging – auch in der britischen Verfilmung von 1997 wird Mrs Dalloway schließlich von Vanessa Redgrave gespielt, die nun wahrlich nicht den Typus der molligen Kleinen verkörpert.

Dies mochte durchaus daran liegen, dass Woolf Verwandlung nicht so einen großen Wert beimaß, wie es andere Autoren taten, und dass es zwischen Figur und Erfinderin grundlegende Ähnlichkeiten gibt: Virginia Woolf und ihre Protagonistin entstammen derselben sozialen Schicht und leben in einer kinderlosen Ehe. Auch tauchen in Mrs Dalloways Gedankenstrom immer wieder Themen auf, welche die Autorin Woolf in ihrem eigenen Leben beschäftigten, manchmal solche, die für die Anlage des Buches grundlegend sind – etwa Mrs Dalloways Liebe zu London, zu anderen Frauen, ihre Liebe zu Blumen, den Sinnbildern von Schönheit und weiblichem Geschlecht. Während Mrs Dalloway an einer Stelle im Buch stolz verkündet, ihre Dienstboten »liebten« sie, weiß umgekehrt jeder Leser der woolfschen Tagebücher, was für ein schwieriges Verhältnis die Schriftstellerin zu ihrem Personal hatte, vor dem sie sich auf geradezu kindliche Weise fürchtete, da sie annahm, sie würde von ihm gehasst. Doch all diese Verweise, die direkt oder per Kontrast in das Bewusstsein der Autorin hineinzuführen scheinen, machen den Text in keiner Form kleiner. Es scheint eher so, als wären sich, je näher und detaillierter aus dem Bewusstsein einer Figur heraus geschrieben wird, in diesem Moment Schreibender und Erfindung besonders nah.

Nein, entschied ich, auch wenn wir nicht wissen können, wie sich ein anderes Bewusstsein anfühlt, auch wenn wir in der Realität nicht aus unseren Körpern heraus- und in andere hineinkommen, so konnten wir es uns doch vorstellen.

Vielleicht lässt sich diese Form der Verkörperung, die der Schreibende da nahezu unbemerkt und doch mit größter Kraftanstrengung vollzieht, mit den Praktiken des *method acting* in der Schauspielerei vergleichen?

Jener Theaterschule, nach der die Schauspieler sich in einer oft langen, anstrengenden Vorbereitungszeit körperlich wie geistig in den Charakter verwandeln und diese Rolle dann wirklich leben – weil sie zu ihrer Figur geworden sind. Auch Hollywoodstars wie Robert De Niro, Natalie Portman oder Daniel Day-Lewis arbeiten nach dieser Methode. Letzterer zum Beispiel lebte, um sich für die Hauptrolle in *Der letzte Mohikaner* vorzubereiten, über Monate hinweg in der Wildnis und aß nur das Fleisch von Tieren, die er selbst erlegt hatte.

Noch Wochen, nachdem der Film gedreht war, hielt er es kaum länger als eine Stunde in einem geschlossenen Raum aus, litt unter Halluzinationen. Als Day-Lewis im Historienfilm *Gangs of New York* mitspielte, holte er sich eine Lungenentzündung, weil er sich trotz Eiseskälte weigerte, warme Kleidung anzuziehen. Als er in *Mein linker Fuß* den gelähmten Maler Christy Brown verkörperte, der nur noch den linken Fuß koordiniert bewegen konnte, blieb er auch abseits vom Set im Rollstuhl und ließ sich von seinen – zunehmend genervten – Kollegen herumschieben und füttern. Nach dem Dreh waren seine Rippen angebrochen, er hatte sie sich bei einer falschen Bewegung im Rollstuhl angeknackst.

An jenem Tag, an dem ich die erste Fassung meines Romans beendet hatte, sah ich den Papierstapel in der Manuskriptkiste noch einmal an und packte ihn dann in eine Schublade; ich würde das Manuskript in den nächsten Monaten überarbeiten, so lange, bis ich getan hatte, was ich konnte in diesem meinem erneuten Versuch, schreibend eine konzentrierte Form des Lebens, eine mögliche Welt, zu entwerfen.

Mein Roman war nicht mehr, aber auch nicht weniger als eine von vielen Antworten auf die Frage, was wir hier auf diesem Planeten sollen, mit all unseren Eindrücken, Gedanken, Gefühlen und Fragen erleben und tun könnten. Nicht ich würde entscheiden, ob das Buch gelungen war, überzeugend, spannend, ob es Lesende über ihre eigenen Grenzen hinausbrächte, Grenzen, deren sie sich zuvor vielleicht nicht einmal bewusst gewesen waren. In diesem, dem besten Fall, hätte ich die Art von Literatur geschaffen, um die es mir geht. Und selbst wenn jemand das Buch nicht mit diesem geradezu existenziellen Gewinn für sich las, dann sollte sie oder er sich auf jeden Fall gut unterhalten fühlen. So oder so: Denn je mehr Welten man, ob als Lesende oder Schreibende, bewohnt, sie hinterlassen einen zu Teilen verändert.

Und das ist das Schöne an Literatur. Das ist mein Tagwerk.

Zwielicht oder Träumen Zebras von karierten Löwen?

Bevor ich angefangen habe, diese Poetikvorlesungen zu schreiben, versuchte ich eine Zeit lang, aus der Perspektive eines Tiers eine Geschichte zu erzählen, und zwar so, dass ich bei der Schilderung von Sinneswahrnehmungen und Verhalten des Tiers mitberücksichtigte, was man heute über es wusste. Auf diese Weise – so mein hochgestecktes Ziel – sollte im Text eine Welt entstehen, in welcher nicht mehr der Mensch das Zentrum aller Dinge war, sondern sich dem Leser ein anthropomorpher Blick öffnete auf eine Umgebung, die sich je nach meiner Perspektivfigur – also dem Tier, das ich aussuchte – aus Geruch oder Geräuschen, Gefahr oder Angriff, Flucht oder Jagd zusammensetzte.

Was mir vorschwebte, war nicht noch eines dieser Bücher, die das Tier vermenschlichen, deren Ziel es war, dadurch einen witzigen Blick auf uns zu werfen, und von denen es schon so viele gab: angefangen mit den

Werken großer Autoren, E. T. A. Hoffmanns *Lebens-Ansichten des Katers Murr* oder Virginia Woolfs *Flush*, bis hin zu all den populären Schafs- und Katzenkrimis.

Es waren insbesondere zwei Werke, die für mich nicht nur wunderbar geglückte Experimente darstellten, was anthropomorphes Erzählen betraf, sondern auch so komplett verschieden voneinander waren, dass sie mir gerade dadurch zeigten, was für einen großen Möglichkeitsraum es gab, in dem man sich bewegen konnte.

Das war zum einen *Der Wanderfalke* von J. A. Baker, ein merkwürdiger Selbsterfahrungsbericht, erschienen 1967. Der Erzähler hält sich tage- und nächtelang bei der Beobachtung von Wanderfalken auf dem englischen Land auf und schildert dies in einem ernsten und erhabenen Ton, bis er zuletzt eine Art Selbstauflösung erlebt, ein mythisches Ereignis, das ihn mit einem der Falken verschmelzen lässt.

Die Aufzeichnungen beschreiben archetypische Situationen von Jäger und Gejagtem in einer mythischen, entvölkerten Landschaft. Die zunehmend seltsame Wortwahl des Erzählers gipfelt zuletzt in völlig abgehobenen, lyrischen, imaginistischen Sätzen. Vögel stießen etwa nicht nieder aus der Luft, sondern »sie säbelten herab vom Himmelssturz«.

Unten am Fluss, im Original *Watership Down*, des

Engländers Richard Adams dagegen – hierzulande auch durch eine Zeichentrickserie heute recht bekannt – war ein Abenteuerroman, der von einer Gruppe Kaninchen und ihrer Suche nach einem Ort für ein neues Gehege handelte. Gleich zu Beginn wird ein epischer Ton angeschlagen. Erst sehen wir die gesamte Landschaft vor uns, dann zoomt der Erzähler allmählich an die Hauptfiguren heran und stellt uns die Helden der Geschichte vor, die Kaninchen Hazel und Fiver.

»Der Maisonnenuntergang war wolkig rot, und es war immer noch eine halbe Stunde bis zur Abenddämmerung. Der trockene Abhang war mit Kaninchen übersät. Einige knabberten an dem spärlichen Gras nahe ihrem Loch, andere drängten weiter nach unten, um nach Löwenzahn oder vielleicht einer Schlüsselblume zu suchen, die andere übersehen hatten. Hier und da saß eines aufrecht auf einem Ameisenhaufen und sah sich um, die Ohren aufgerichtet und die Nase im Wind. Aber eine Amsel, die gelassen im Randgebiet des Gehölzes sang, bewies, dass es nichts Beunruhigendes gab, und in der anderen Richtung, am Bach, war alles gut zu übersehen, leer und ruhig. Im Gehege herrschte Frieden. An der Böschung oben, nahe dem wilden Kirschbaum, wo die Amsel sang, befand sich eine kleine

Ansammlung von Löchern, durch Brombeersträucher fast verdeckt. In dem grünen Halblicht am Eingang eines dieser Löcher saßen zwei Kaninchen Seite an Seite.«

Dass man sich mehr und mehr auf die Perspektive der Tiere einlässt, liegt daran, dass der allwissende Erzähler von Beginn an Informationen über die Mythologie und Lebensweise von Wildkaninchen in den Text einstreut. Aber vor allem liegt es daran, dass der Autor dem Leser einzelne wichtige Vokabeln der Kaninchensprache lehrt. Obwohl es dosiert geschieht und man bis zum Schluss nicht mehr als dreißig Worte Kaninchensprache kennt, schafft dies eine Atmosphäre des anderen und gleichzeitig eine große Nähe zu den Kaninchen. So wird der Name des kleineren Kaninchens »Fiver« beispielsweise im Dialog erklärt:

»›Fiver?‹, fragte das andere Kaninchen. ›Warum wird er so genannt?‹

›Fünf im Wurf, weißt du? Er war der Letzte und der Kleinste. Man muss sich wundern, dass ihm bis jetzt nichts passiert ist. Ich sage immer, ein Mensch könnte ihn nicht sehen, und ein Fuchs würde ihn nicht wollen.

Trotzdem gebe ich zu, dass er imstande zu sein scheint Gefahren aus dem Weg zu gehen.‹

Kaninchen können bis vier zählen. Jede Zahl über vier ist ›cher‹, ›eine Menge‹ oder ›eintausend‹. So sagen sie ›ju cher‹, ›das Tausend‹, und meinen insgesamt alle Feinde oder ›iliel‹, wie sie sie nennen: Füchse, Wiesel, Katzen, Eulen, Menschen et cetera. Wahrscheinlich waren es mehr als fünf Kaninchen in dem Wurf, als Fiver geboren wurde, aber sein Name, ›Hrairoo‹, bedeutet ›kleines Tausend‹, das heißt, der kleinste einer Menge oder, wie man bei Schweinen sagt, ›die Zwergrasse‹.«

Diese beiden Werke – hier der Abenteuerroman mit Kaninchenhelden und Kaninchenbösewichten im Kampf um ihr Territorium und das Herrschaftssystem im Bau, dort das völlige Vergessen des Menschseins in der Fixierung auf ein einzelnes wildes Tier – hatten nicht viel miteinander zu tun und waren doch zwei Seiten derselben Medaille: der Versuch, den anthropozentrischen Blick zugunsten eines anderen, lediglich anthropomorphen Blicks aufzugeben. Und sie zeigten mir, was für ein weites Spektrum an Möglichkeiten sich inhaltlich wie formal bot.

So wunderbar das klang, so schwer war es, selbst eine Tierwelt herzustellen, weitaus schwieriger als gedacht;

ich ärgerte mich jeden Tag mehr über meine Unfähigkeit, hier einen zumindest in Ansätzen funktionieren-
den Text hinzubekommen. Meine Notizen klangen
albern oder waren unverständlich oder beides. Die neue
Sprache, die mir vorschwebte, fand ich nicht, aber sie
war zentral für mein ehrgeiziges Vorhaben.

An dem Abend, an dem ich beschloss, das Projekt endgültig aufzugeben, packte ich alle meine Notizen sowie
stapelweise mehr oder weniger populärwissenschaft-
liche Bücher und Zeitschriften in einen Umzugskarton,
den ich dann, um ihn nicht ständig vor Augen zu haben, in den Wintergarten bugsierte.

Es war eine Schande! So viel Interessantes und Neues
über das Sozialverhalten von Affen, die Kommunika-
tion von Walen, die Empathie von Mäusen, die Schwarm-
intelligenz von Ameisen und Vögeln, die Symbiosen
von Fischen in lichtlosen Tiefen hatten Wissenschaftler
gerade in den letzten Jahren, herausgefunden, und ich
habe nichts daraus machen können. Der springende
Punkt war und blieb, dass mein Bewusstsein das eines
Menschen war und nicht flexibel genug. Der menschliche Körper und sein Denken waren nun einmal so eng
ineinander verzahnt, so selbstverständlich für uns, dass
wir sie als Filter, die Welt zu sehen, nicht einfach von
uns wegdenken konnten. Anders gesagt: meine Vorstel-

lungskraft schaffte den Sprung ins Tiersein nicht einmal in Ansätzen.

Es blieb eine Sache, wie es Charles Foster in *Der Geschmack von Laub und Erde* tat, zu beschreiben, welche Hirnregionen eines Dachses im Kernspintomografen aufleuchten, wenn er eine Nacktschnecke riecht. Eine völlig andere war jedoch, das Bild eines ganzen Waldes zu malen, wie er sich dem Dachs darstellte. Die den Tieren zur Verfügung stehenden Sinnesorgane gaben ihnen eine viel, viel größere Farbpalette an die Hand, um ihr Bild einer Landschaft wahrzunehmen, und das ergab für sie eine so andere Wirklichkeit, wie sie kein menschlicher Maler uns je mit einem Bild zeigen könnte, sei es auch noch so anders.

Ich seufzte, ging in die Küche, wo ich mir ein Schinkenbrot machte, mit dem ich dann in mein Arbeitszimmer zurückkehrte. Unter den vorwurfsvollen Blicken des Hundes aß ich, während ich zum Fenster hinaus in den späten Sommerabend sah.

Draußen war, obwohl elf Uhr vorbei, noch die Hölle los, sogar für die sowieso recht belebte Gegend, in der ich wohnte. Die Nacht auf Samstag: Studenten, Grüppchen, Paare liefen die Straße entlang, saßen im Club Bazaar oder im Eiscafé daneben. Das bleibt, dachte ich, auch noch eine Weile so, erst in Stunden wird hier so etwas wie Nacht herrschen. Bis dahin schneiden die

Straßenlaternen noch ihre weißlichen Kugelkreise ins Dunkel, die bunten Neonaufschriften der Lokale und Geschäfte leuchten, während die Lichtkegel, die, von den Autoscheinwerfern vor sich hergetrieben, kreuz und quer wandern, das Schwarz zerstückeln.

Dort drüben, im Club Bazaar, war es auch gewesen, wo ich, auf eine Freundin wartend, Teile eines Gesprächs zwischen vier jungen Leuten mithörte, zwei Pärchen vermutlich. Eines der Mädchen erzählte von einer Quizshow im Fernsehen, die sie gesehen hatte.

»Das hätte ich auch nicht gewusst«, hörte ich einen der Jungs sagen.

»Natürlich nicht«, stimmte seine Freundin ihm zu, »wer weiß denn so 'nen Scheiß.« Die zwei hielten Händchen über die Tischplatte, und das Mädchen versuchte, während sie sprach, mit der freien Hand, ihren dicken dunkelbraunen Zopf über die Schulter zu werfen.

»Aber es kommt noch besser«, sagte sie. »Also passt auf, die nächste Frage war nämlich: Warum haben Zebras Streifen?«

»Oh«, machte das Zopfmädchen. »Echt jetzt, das haben die gefragt?«

»Sagt sie doch gerade«, wies ihr Freund sie zurecht.

»Mann, echt!«, ärgerte sich das Zopfmädchen: »Was für 'ne bescheuerte Frage, warum haben Zebras Streifen, ja warum wohl – hätten sie die Streifen nicht, wären sie ja wohl keine Zebras, oder?«

Sie sah sich beifallheischend um, doch jede Reaktion ging im Trubel einer hereinkommenden Gruppe unter.

Zebras!, dachte ich, während ich schon nach dem Kellner winkte, um zu bezahlen. Wieso war ich da nicht selbst darauf gekommen?

Schon als Kind war das Zebra mein Lieblingstier gewesen, und noch heute fand ich dieses pferdeartige Säugetier wegen seines Streifenlooks immer noch ausgesprochen extravagant, ja geradezu stylish, wie von einem Designer des 21. Jahrhunderts entworfen.

Zu Hause ging ich sofort der Sache mit den Streifen auf den Grund. Weshalb gab es sie? Weshalb dieser riesige Unterschied zu dem trüben Graubraun von Wildschweinen, Kaninchen oder Antilopen, oder Leoparden in gelblich braun mit den leicht verschwommenen Tupfen, überhaupt von der ganzen dürftigen Farbpalette der Säugetiere, in der kein Grün, kein Blau und fast kein Rot vorkamen, sich nur ab und zu ein paar Gelb- oder Ockertöne ins graubraune Einerlei mischten?

Für die Unscheinbarkeit gab es gute Gründe, erklärte mir die Zeitschrift *nature*, Säugetiere waren der Nacht entsprungen. Ihre Vorfahren huschten durch die Dunkelheit, in der Farben nicht zu sehen waren, und über die Jahrtausende verkümmerte die Fähigkeit, Farben zu

unterscheiden. Prachtvoll leuchtende Muster auszu-
bilden, wie es Pfau oder Eisvogel tun, machte keinen
Sinn, wenn die Partner, denen imponiert werden sollte,
farbenblind waren und es eigentlich nur galt, sich in
einem relativ eintönig gefärbten Lebensraum zu tarnen,
der bräunlich-gelblichen Steppe.

Weniger klar als die Gründe fürs Unauffälligsein waren die Gründe für die Auffälligkeit der Zebras: Es gab
jede Menge Hypothesen dazu, von denen keine wirklich widerlegt, aber auch keine absolut sicher bewiesen
zu sein schien. Einmal hieß es, die Streifen würden den
Tieren in der Hitze der afrikanischen Savanne dabei
helfen, ihre Körperwärme zu regulieren. Die Fellzeich-
nung der Tiere diente demnach, so glaubten einige For-
scher, als eine Art natürlicher Kühlung, weil sie die
Luft zwischen Schwarz und Weiß in Bewegung hielt.
Bei Steppenzebras, die in wärmeren Regionen lebten,
waren die Streifen jedenfalls schärfer voneinander ab-
gegrenzt und deutlicher zu erkennen, als dies bei Popu-
lationen in kühleren Gebieten der Fall war.

Nach einer anderen Hypothese halfen die Streifen
den Zebras dabei, sich gegenseitig zu erkennen, und
stärkten so ihr Gruppengefühl. Hypothese Nummer
drei besagte, dass die Streifen Fliegen irritierten, die
sich auf den Tieren niederlassen und sie stechen wollten, darunter die Tsetsefliege, die die gefährliche Schlaf-

krankheit übertrug. Fliegen landeten und stachen nämlich lieber auf eintönigem Untergrund.

Und zuletzt gab es noch eine Hypothese, die doch
auf Tarnung herauslief. Die Streifen sorgten für etwas,
das die Biologen »Somatolyse« nannten. Das war der
Vorgang, wenn Muster im Fell bei Bewegung die Sil-
houetten der Einzeltiere verschwimmen ließen und sie
auf diese Weise eben auch unsichtbar wurden.

Im Prinzip, erklärte ich dem Hund, sind Zebras
schwarz und weiß, um, im totalen Kontrastdasein, dann
doch ganz unscharf zu werden: Sie sind auch eine Art
Dämmerungstiere. Doch mein Haustier interessierte
das nicht, es stand auf den Hinterbeinen, hatte die Vorderpfoten äußerst menschlich auf das Fensterbrett ge-
stützt und sah neben mir in den Trubel hinaus.

Ich versuchte mir vorzustellen, wie sich ein Zebra
in der Szenerie vor mir ausnehmen würde; es könnte
gemächlich den Weg quer über den Mathildenplatz in
Richtung Supermarkt nehmen, wobei es aufgrund seiner Schwarz-Weiß-Zeichnung kaum zu erkennen wäre,
eine flirrende Silhouette unter vielen. Es würde sich
wundern, wie die automatischen Glastüren des Super-
markts sich vor ihm wie durch Zauberhand öffneten
und den Blick freigaben auf die Gemüseabteilung.
Selbstverständlich würde es hineinspazieren und dort
als Erstes einen kleinen Snack aus der Salatbar zu sich

nehmen. Es könnte natürlich auch im kegelförmigen Zwielicht einer Straßenlaterne stehen bleiben und sich von dort herumlungernden Dealern ein bisschen Gras kaufen ... Diese alberne Vorstellung erheiterte mich für einen Moment.

Was würden wohl die Leute denken, wie würden sie reagieren? In diesem Viertel der Stadt ließ man sich nicht so leicht aus der Ruhe bringen. Wenn auf einmal vor einem eine ganze tiefgefrorene Pute auf dem Gehweg lag, stieg man einfach darüber hinweg; wenn geräuschlos und ohne ersichtlichen Grund ein geparktes Auto in Flammen aufging, machte man höchstens mal ein Foto davon und spazierte dann weiter – beides war innerhalb dieser Woche passiert, kleine Vorkommnisse, die einfach so mitanzusehen gewesen waren. Ich war mir relativ sicher, dass ein Zebra überhaupt niemanden stören würde.

Aber was war mit dem Zebra, wie würde es ihm da draußen gefallen?

Die seltsame Großstadtnacht, durch die Dauerbeleuchtung kaum als Nacht zu erkennen, würde die es irritieren? Schließlich gab es längst keine klar voneinander abgegrenzten Tage und Nächte mehr, das Zwielicht, das ja bekanntlich ein Synonym für Dämmerung ist, bezeichnet zum einen die natürlichen Übergänge vom Tag zur Nacht und umgekehrt, andererseits aber auch das Licht, das entsteht, wenn sich künstliche Beleuchtung und natürliche oder mehrere künstliche Lichtquellen mischen.

Ja, längst hatten die Menschen ihre Versuche, die Nacht zum Tage zu machen, so weit vorangetrieben, dass alles in Unordnung geraten war und etwa die Singvögel nicht mehr wussten, wann sie ihr Morgenlied anstimmen sollten. Oder würde das Zebra die Unabhängigkeit von natürlichen, an Sonnenaufgang und -untergang orientierten Tag- und Nachtrhythmen als Teil seiner neuen Freiheit genießen?

Das musste ich wissen über mein Zebra, wie ich alles wissen musste, im Prinzip bis hin zu der Frage, ob und was ein Zebra träumte. Träumte es von karierten Löwen? Das fragte ich mich, weil mir der Romantitel *Träumen Androiden von elektrischen Schafen?* des amerikanischen Science-Fiction-Autors Philip K. Dick einfiel, jenem Buch, das in den 80er-Jahren die Vorlage war für den dystopischen Film *Blade Runner* von Ridley Scott. Nur hatte Dick den Menschen nicht in Abgrenzung zum Tier zu fassen versucht, sondern hinterfragte sein Wesen im Unterschied zu dem der künstlichen Intelligenz. Beides jedoch waren Versuche, durch Abgrenzung die Wirklichkeit unserer Welt zu hinterfragen.

Aus einem Impuls heraus leinte ich den Hund an und trat auf die Straße. Wir gingen, wie meistens, erst einmal

auf den schräg gegenüberliegenden Mathildenplatz.
Am Tag spielen dort Kinder Fußball, die schliefen jetzt,
aber noch immer war jede einzelne Bank besetzt, nur
waren es eben nicht mehr verschleierte Mütter, die, ihren Nachwuchs im Blick, beisammensaßen, sondern
biertrinkende ältere Männer und eine Gruppe tele-
fonierender junger Männer – alle dunkel gekleidet, man
konnte sie noch aus wenigen Metern Entfernung kaum
voneinander unterscheiden. Worin auch immer ihre
Aktivitäten oder Geschäfte bestanden, ob sie sich in
ihren jungen Start-ups mit Autoteilen oder vom Laster
gefallenen Hi-Fi-Anlagen beschäftigten – sie wollten
nicht unbedingt gleich erkannt werden. Zwielichtige
Gestalten, sozusagen.

Mein Haustier zockelte friedlich neben mir her, als
wir am Platz vorbei in eine kleinere Straße abbogen.
Eine Gruppe Studenten überholte uns auf dem Gehweg, ich konnte ihnen lange nachsehen, sie passierten
Straßenlaterne um Straßenlaterne und bogen dann
irgendwann um eine Ecke. Dann waren der Hund und
ich wieder allein. Wir kamen nur langsam voran, alle
paar Meter wollte der Hund an etwas schnuppern und
blieb stehen; ob es nun der traurige Rest eines Gras-
büschels war oder die Mauer der Bar »Sexy« mit dem
rosa Neonlicht darüber, an der ein Schild seit Jahren
verkündete, es würden junge Damen als Bedienungen

gesucht, und das »beste Bezahlung« versprach mit dem Zusatz »Wohnmöglichkeit vorhanden«.

Nun, ich hatte es nicht eilig. Mir gefiel die zwitterhafte Atmosphäre zwischen Nachtdunkel, als verdrängtem, aber eben doch noch präsentem Erfahrungsraum mit seinen so ganz eigenen Qualitäten und dem künstlichen Tag, der darüber lag. So grell, so billig manche Ecke ihre Absichten herausschrie, so alt und schäbig die Häuser aussahen, es hing doch eine Art Magie über allem, etwas Unerklärliches und Verzaubertes, das ich sonst nicht vorfand in dieser Ecke der Stadt. Worte wie Halbwelt, zwielichtige Gestalten, Nachtschattengewächs fielen mir ein, lenkten mich endlich von meinen ergebnislosen Tier-Schreibversuchen ab.

Ich erinnerte mich, wie begeistert ich als Studentin, vom Dorf kommend, über die hellen Großstadtnächte gewesen war, alles daran gefiel mir, besonders die schräg hinter dem Haus, in dem ich wohnte, gelegene Nachttankstelle, in der ich noch zu Unzeiten eine Zeitschrift oder eine Tüte Milch einkaufen konnte ... Nachtspaziergänge habe ich immer geliebt, in jeder Großstadt, in der ich gewohnt habe, überall auf der Welt.

In meinem ersten Roman, *Die Stunde zwischen Hund und Wolf*, herrschte praktisch durchweg Dämmerlicht. Der Titel spielt auf den französischen Ausdruck »entre chien et loup« an, der die Nachtstunde zwischen drei und vier Uhr bezeichnet, wenn im Finsteren die Körper andere Gestalten annehmen und Dinge sich verwandeln.

Damals war ich fast verrückt geworden, weil ich den richtigen Ton für die Dreiecksgeschichte zwischen jüngerer und älterer Schwester sowie dem Freund der älteren nicht fand. Beinahe hatte ich geglaubt, die Romanform würde ich nie schaffen, bis mir endlich die richtige Szene für den Anfang einfiel. Die namenlose Ich-Erzählerin hat gerade, wie jeden Morgen, im Hallenbad ihre Bahnen gezogen, ist aus dem Wasser gestiegen und sieht sich in der Schwimmbadwand gespiegelt:

»Ich bin nichts, nichts als ein heller Umriss, an diesem Morgen, auf dem schmalen Korridor zwischen Becken und Glasfront des Schwimmbads, die x-fache Spiegelung eines vor Jahren beendeten Lebens, die schamlose Kopie eines ersten Satzes. Ich spürte einen kalten Luftzug durch die Ritzen der Scheiben, auf die in regelmäßigen Abständen Vogelsilhouetten geklebt waren.

Draußen, hinter der Glasfront, lag in winterlichem Dunkel das Außenareal verborgen. In dieser Jahreszeit war es unbenutzt, leer ... Seit Tagen regnete es, die Tage begannen spät und endeten früh, draußen war es eiskalt, ich bewegte mich von einem künstlich klimatisierten Ort zum nächsten.«

Später geht sie mit dem Freund der älteren Schwester essen:

»Wir traten hinaus in die Nacht, ich musste die Augen zusammenkneifen, weil sie vor Kälte zu tränen begannen, und ich stieß den Atem aus, produzierte eine kleine Wolke, die nach oben stieg, ich sah ihr nach, sah nach oben zu Ines' Haus, die Fenster waren nun dunkel, bis auf eines, wir hatten vergessen, die Lampe im Wohnzimmer auszumachen.

Man bog nach rechts ab und sah sofort das Bistro an der Ecke zur Glauburgstraße, das einzige beleuchtete Gebäude in der Gegend, die ansonsten dunkel war, eine reine Wohngegend. Aus der Nacht traten wir in die brutale Effektivität der Neonbeleuchtung, die allen Dingen im Raum die Farbe entzog, indem sie weißes Licht über sie schüttete. Die Bedienung, ein junges Mädchen, sah aus wie ein Gespenst. Wir waren die einzigen Gäste. Wir setzten uns an einen winzigen Zweiertisch. Der Tisch stand zu eng an der Wand, sodass Kai ihn anhob und ein Stück wegrückte. Er war aus Aluminium und schien gar nichts zu wiegen. Ich sah auf, der große Spiegel an der Längsseite des Raums verdoppelte seine Aktion, auch sein Gesicht war bleich, ich wandte mich schnell ab.«

Später dann, als die Erzählerin abends zu Hause keine Ruhe findet, begibt sie sich noch einmal in die Dämmerung:

»Ich nahm nach einer Viertelstunde noch einmal den Mantel und den Schal, um hinauszugehen. Ich wollte nur sehen, ob die Lichter aus waren und Ines schlief, wenn ja, war alles in Ordnung.

Die Straßen waren menschenleer, die Laternen beschienen einen kleinen Umkreis, ich ging durch Seitenstraßen. Eine Frau führte ein Kind auf Rollschuhen an der Hand, das vor Müdigkeit taumelte und immer wieder umzufallen drohte, ich hätte die beiden gerne gestoppt und gefragt, was um Himmels willen ein Kind in dem Alter um die Zeit auf der Straße verloren hatte. Und dann auch noch in Rollschuhen! Ich ging ohne ein Wort an den beiden vorbei. Das beleuchtete Schaufenster eines Buchgeschäfts interessierte mich, doch kaum stand ich davor, glaubte ich, Schritte zu hören, wurde ängstlich und bog in eine größere Straße ein.«

Damals, Anfang der Neunzigerjahre, war ich es gewohnt, Licht automatisch als etwas Positives, ja sogar Gutes anzusehen, als Symbol für das Leben, ließ es doch unsere Stimmung steigen, zauberte uns ein Lächeln in die Gesichter, wenn wir morgens die Rollläden hochzogen. Die abendländische Philosophie hat das Licht immer wieder mit dem Göttlichen in Verbindung gebracht, es als dessen Manifestation gesehen. Hegel meinte wiederum, Licht manifestiere nicht irgendetwas anderes, sondern einzig sich selbst; es sei das grundlegende Medium des Sich-Zeigens überhaupt: Im reinen Licht sei deshalb so gut wie gar nichts zu sehen. Mehr noch, dachte ich, Licht blendete, es verletzte die Augen, wenn man direkt hineinsah, während komplette Dunkelheit den Menschen orientierungslos machte.

Damals hatte ich auch zum ersten Mal von »Lichtverschmutzung« gehört, der Tatsache, dass die Lichtglocken der Megametropolen den Himmel oft weit über den Horizontbereich hinaus, über Dutzende, in Extremfällen sogar Hunderte Kilometer hinweg aufhellen, sodass der Nachthimmel beispielsweise über den Kanarischen Inseln sogar unter Schutz gestellt werden musste. Wie paradox, Licht und Schmutz gemeinsam zu denken, fand ich.

Wenn ich jetzt an meine Umtriebigkeit von damals dachte, die anscheinend nie endende Energie in meinem Körper, der es nimmermüde mit der Nacht aufnahm – so geschah dies fast, als dächte ich an eine fremde Person, so weit weg erschien mir diese Zeit.

Nur der beständige Wunsch, in neue Rollen zu schlüpfen, die Grenze zwischen Wirklichkeit und Fantasie zu verschieben, das Elternhaus und seine Verhaltensregeln endgültig zurückzulassen, der war mir noch sehr präsent, und anscheinend war ich der Ansicht gewesen, die taghelle Nacht eigne sich da, als Mitspielerin und Kulisse, ganz besonders gut.

Die Gedanken an das Vergängliche, Flatterhafte der Jugend, das sie einem Schmetterling ähneln lässt, erinnerten mich an das Gedicht »Uraniafalter« in meinem letzten Lyrikband *Skizze vom Gras*. Uraniafalter war eine ausgestorbene Nachtfalterart. Ich mochte das Wort, darin steckte natürlich auch das Sternbild Urania, eines jener Himmelsphänomene, die selbst Großteleskope durch all die Lichtverschmutzung kaum noch einfangen können.

URANIAFALTER

Welches Ziel hatten wir; wir waren nachts unentwegt
mit Verspätung unterwegs, damals, als die Diskotheken uns
einen Tick zu laut die Liebe erklärten und uns das nicht auffiel,
weil wir im Mittelpunkt der Strahlung standen; damals war
immer helllichter Tag, wir unentwegt mit unseren Körpern
beschäftigt, die unendlich viel stärker waren als angenommen,
prätentiös, schön; der Traum löste sich in Zeit auf;
wir standen uns zur Verfügung. Wir wollten vergessen,
wollten den Fluch unsrer Herkunft vergessen. Wie der
Priester das Blut trank, die Sonntage unser Fleisch brieten,
Vater grillte, während Mama das Brot brach. Im Garten
reiften Tomaten, wir wuchsen heran, Schmetterlinge
an natürlichen Blüten. Aber dann: verkehrte Welt,
neue Naturerlebnisse. Licht kickte, Steine wurden geraucht.
Welches Ziel, ich erinnere mich nicht, und wieso glaubten
wir damals, alles erreicht zu haben? Weil wir, in den
Städten, immer vom Licht gesteuert waren, von
Autoscheinwerfern, Werbetafeln, glitzernd
spiegelnden Shoppingcentern? Weil wir
in hellen Wohnungen tote Insekten vom Boden auflasen,
Freunde verabschiedeten, die von Müdigkeit sprachen?
Sie sagten, sie balancierten am Rand der Erschöpfung,
bekämen dafür nicht einmal Applaus. Welches Ziel nur,
heute sehe ich fremde Männer durch die Straßen eilen,
weiß nicht, wohin, und du bist einer von ihnen

Ich schreckte hoch, weil ich auf einmal bemerkte, dass der Hund und ich fast am Bahnhof angelangt waren. Vor uns lag der Tunnel der Unterführung. Ich fand es dort unheimlich, jeder Schritt hallte, ganz zu schweigen von dem Höllendonner, wenn oben eine S-Bahn durchfuhr. Sobald einem jemand auf der anderen Seite entgegenkam, schaffte der blicklose, alles umgebende Asphalt eine unangenehme Intimität.

Der Hund dagegen fühlte sich hier bestens, er liebte diesen graffitiverschmierten Tunnel über alles. Er hatte jetzt begonnen, wie verrückt voranzupreschen, jetzt war er es, der mich hinter sich herlaufen ließ – eine ganze Weile, bevor er plötzlich stehen blieb und die Beine in den Boden stemmte. So standen wir beide schnaufend da und sahen uns ärgerlich an. Dann brach ich auf einmal in Lachen aus: Wie sollte es mir gelingen, in das Bewusstsein eines afrikanischen Steppentiers einzudringen, wenn ich nicht mal mein Haustier im Griff hatte?

Möglichst bald müsste ich etwas Neues zu schreiben beginnen, sonst würde mir langweilig, und dann kam ich nur auf dumme Ideen oder ich wurde deprimiert, dann erging es mir so, wie es die gerade verstorbene Science-Fiction-Autorin Ursula K. Le Guin in einem Essay über das Schreiben formuliert hatte:

»Wenn ich also gerade an gar nichts schreibe, habe ich nichts, wohin ich mich flüchten kann, nichts zum Kompensieren, nichts, über das ich Kontrolle hätte, das ich beherrschen darf, und ich kann aus gar nichts meine Befriedigung ziehen. Ich sitze nur da und bin alt und besorgt und quengelig und ich habe Angst davor, dass überhaupt nichts für mich Sinn ergibt.«

Ich hatte, fiel mir ein, sowieso schon ein Projekt: Da waren die Poetikvorlesungen. Eine grobe Gliederung für das, was ich sagen wollte war mir schon eingefallen. Ich würde von dieser Frage ausgehen, die mir manchmal gestellt wurde nach Lesungen, was der Unterschied sei zwischen Prosa und Lyrik – ich blieb abrupt stehen, ja, das war es. Ich würde die Prosa dem Tag zuordnen und die Lyrik der Nacht … und auch über das Scheitern schreiben. Da war diese junge Frau gewesen, die das hatte wissen wollen, sie hatte etwas in Weiß und Grau getragen, ich erinnerte mich nicht genau. Ob es ihr etwas ausmachen würde, wenn ich ein wenig übertrieb, wenn ich, sagen wir, grauweiße Streifen als Zebra-Look darstellte?

Bestimmt nicht. Und mir würde es einen kleinen Trost spenden, da ich mein Zebra hineinpacken könnte in diese Vorlesung. Das Zebra als Sinnbild für das Scheitern, für alle die Versuche und Zwischen-, die Dämmerungszustände, aber auch als Erinnerung an Verwandlung, Übergänge, Spielräume.

Vermutlich, dachte ich, konnte ich mich allerdings nicht ganz aus dem Text heraus-, es zu allgemein halten, sonst würde meine Lesung wie ein Klischee wirken, eines, wie es schon in Martin Amis' Erzählung »So macht man das« vorkam. Der Autor nimmt darin den abgedroschenen Typus des erfolglosen Dichters, der nachts mit allem Herzblut seine Poeme verfasst und doch nichts als Absagen kassiert, aufs Korn, einerseits, indem er ihn als das genaue Gegenteil schildert, und andererseits, indem er den üblicherweise ja kommerziellen Drehbuchautor erfolglos sein lässt und dafür den Lyriker schwerreich und arrogant.

»Als Luke sein neues Gedicht fertig hatte – es hieß einfach ›Sonett‹ –, kopierte er den Ausdruck und faxte ihn an seinen Agenten. Anderthalb Stunden später kam er aus seinem privaten Sportstudio unten zurück und machte sich seinen speziellen Fruchtsaft, während der Anrufbeantworter ihm unter manch anderem mitteilte, er solle doch Mike zurückrufen. Luke langte nach einer weiteren Limette und drückte unterwegs die Speichertaste für Talent International.

›Ahh. Luke‹, sagte Mike. ›Die Sache kommt in Bewegung. Wir haben schon mal die erste Reaktion.‹

›Tatsache, wieso denn? Ist doch vier Uhr morgens bei dem.‹

›Nein, bei dem ist's acht Uhr abends. Er ist in Australien. Arbeitet an einem Gedicht mit Peter Barry.‹

Von Peter Barry wollte Luke nichts hören. Er beugte sich vor und zerrte sich das Tanktop vom Leib. Wände und Fenster wahrten achtungsvollen Abstand – der Raum war ein breiter Streif aus Sonnendunst und Licht vom Fluss. Luke nahm einen Schluck von seinem Saft: Die extreme Säuerlichkeit ließ ihn beide Ellbogen hochziehen und einmal scharf und bitter mit dem Kopf nicken. Er sagte: ›Was meint er?‹

›Joe? Total aus dem Häuschen. Ich hör bloß noch hinten und vorn »Sag Luke, ich krieg mich gar nicht mehr ein wegen dem neuen Gedicht. Mit ›Sonett‹ steigen wir groß ein, ich weiß es, ich weiß es«.‹

Luke nahm dies kühl zur Kenntnis. Er war durchaus noch jung, aber er war schon lang genug im Lyrikgeschäft, um so etwas gelassen aufzunehmen. Er wandte sich um. Suki, die beim Shopping gewesen war, kam nun durch die Wohnungstür, nicht ohne Schwierigkeiten. Sie war in der Tat fast grausam beladen. Luke sagte: ›Ich höre noch keine Zahlen von dir. Ich meine, mal so ganz grob an die Wand gepinselt.‹«

Das uralte, karnevaleske Prinzip der Umkehrung wirkte hier: Eine simple Angelegenheit, doch wenn es so gut gemacht war wie bei Amis, trug sie sehr weit.

Der Hund und ich hatten uns inzwischen geeinigt, und wir beide legten nun eine schnellere Gangart ein, ich spürte auf einmal die Müdigkeit, und auch dem Hund reichte es anscheinend, auch er wollte heim. Im Vorbeigehen warf ich einen Blick auf die Turmuhr der Mathildenkirche, die wieder funktionierte: Halb zwei.

Vielleicht hatte ich einfach so viel beachtet und bedacht, sämtliche Zahlen und Fakten und Zusammenhänge, dass ich vor lauter Kleinigkeiten gar nicht mehr in der Lage war, die Sache mit dem erforderlichen Abstand anzugehen, jener Distanz, die dringend nötig ist, um sich einem Problem mit der selbstbewussten Freiheit zu nähern, derer es beim Schreiben bedarf.

Einer der weltweit bedeutendsten Dichter der Literaturgeschichte, der englische Romantiker John Keats, hatte einmal von der »negativen Befähigung« mancher Menschen gesprochen und damit die Fähigkeit gemeint »sich in einem Zustand voller Unsicherheiten, Geheimnisse und Zweifel zu befinden, ohne sich nervös nach Tatsachen und Vernunft umzusehen«. So jedenfalls hatte er es im Winter 1817 in einem Brief an seine Brüder George und Thomas formuliert.

Man müsste sich demnach nicht nur einlassen können auf das Unverständliche, sondern sich regelrecht fallen lassen in die Bedingtheiten, die man nun einmal vorfand. Auch wenn man nicht sämtliche Zahlen und Fakten und Zusammenhänge intellektuell durchdrang – oder vielleicht gerade dann –, musste man sein poetisches Experiment starten, nicht gleich alles abstrakt einteilen in schwarz und weiß, hell oder dunkel, nein, man musste den Möglichkeitsraum des Dazwischen betreten und ihn vorsichtig abtasten.

Ich öffnete die Haustür, um ganz automatisch mit einem Händedruck das Flurlicht anzuknipsen, wir gingen durch Helligkeit in Helligkeit: Meine Wohnung war voll beleuchtet, ich hatte in drei Zimmern vergessen, das Licht auszumachen; jetzt holte ich dies nach, ließ nur das Licht im Flur an, wo ich die Leine an die Garderobe hängte und mir die Schuhe auszog.

Obwohl ich müde war, hatte ich auf einmal Lust zu schreiben, nicht viel, vielleicht ein paar Zeilen oder Sätze, nur so als Fingerübungen – vielleicht kleine Texte über Tiere, die mir vertraut waren? Wie die Möwen, von denen ich gerade erst auf Rügen so viele gesehen hatte? Sie hatten kaum Scheu vor den Menschen gezeigt, flatterten um sie herum und hopsten auf die Kaffeehaustische an der Strandpromenade, sobald die

Gäste aufgebrochen waren, um die liegengebliebenen Keks- und Kuchenkrümel aufzupicken.

Aus der Küche kam ein Scheppern – auch das sehr vertraut. Der Hund rumste seinen leeren Fressnapf gegen die Wand. Dann Stille, er wartete, bis ich auf die zündende Idee kam, er könnte Hunger haben.

»Weißt du, dass es von Philip K. Dick heißt, er habe sich in seinen schlechtesten Zeiten von Hundefutter ernährt, um seine Romane schreiben zu können?«, sagte ich zu ihm, während ich ihm den Napf füllte.

Der Hund, der sich gleich auf sein Futter gestürzt hatte, sah nur kurz zu mir hoch und fraß ungerührt weiter. Genau genommen hatte er kein Futter im Napf, sondern Essen, ich hatte ihm den Rest der Spaghetti Bolognese vom Vortag gegeben.

»Dir geht es besser als einem sehr, sehr großen Autor«, sagte ich.

Der Hund war fertig und sah mich mit sehr, sehr großen Augen an. Als er sicher war, von mir käme kein Nachschlag, marschierte er aus dem Zimmer, und ich hörte, wie er sich im Schlafzimmer krachend neben dem Bett fallen ließ.

»Hast recht, ist bestimmt nur wieder eine Legende«, murmelte ich.

Gleich, dachte ich, würde ich hinübergehen und in der Tür stehen bleiben, um ihm beim Schlafen zuzusehen, im Traum wuffzte er so schön und ruderte mit den Pfoten. Nur für einen Augenblick und ohne mich zu rühren, würde ich unbemerkt dastehen können, denn meistens spürte der Hund meine Anwesenheit sofort. Dann öffnete er die Augen und sah mich für eine Sekunde direkt an, bevor sich seine Lider wieder schlossen und er weiterschlief. Es war ein Blick so voller Vertrauen und Verständnis, dass mir warm ums Herz wurde. Also ging ich auf Zehenspitzen zu ihm, und dann konnte ich mich beruhigt an den Schreibtisch setzen und schreiben.

Von diesen Fingerübungen sind lediglich eine Handvoll kaum eine Seite langer Texte übrig geblieben, seltsame kleine Zwitterstücke, die irgendwo zwischen Minierzählung und Lyrik schwebten, am ehesten könnte man sie vielleicht Prosagedichte nennen.

Die Möwe

Ich gehorche dem Gebot der Stunde und hebe von der Reling ab, als das
Schiff zu weit hinaus gelangt; ich fliege in einer geraden Linie zum Ufer
zurück. Die Wellen brechen am Strand; Wolken regulieren die Intensität des

Lichts. In den Scheiben des großen Gebäudes spiegelt
sich die Unruhe des
Wassers. Bei Menschen gibt es ein Drinnen und ein
Draußen; sie tun dort
das Gleiche, sitzen an Tischen. Ich, die ich draußen be-
vorzuge wie alle
meiner Art, lasse mich auf einer Stuhlkante nieder. Sieh
mal, eine Möwe,
sagt jemand. Ein Spiegelbild löst sich aus dem gläser-
nen Rahmen und
kommt, mit den Händen wild in die Luft schlagend,
auf mich zu.
Das Meer ist so ein Ort, an dessen Rändern Seltsames
geschieht. Dabei gibt
es doch nur diese eine atmende Welt, die sich um die
eigene Achse dreht.
Ich erhebe mich wieder in die Lüfte. Das Schiff ist ein
ganzes Stück weiter
gekommen.

Der Hund

Es gibt im Reich der Tiere
keine Heiligen,
nur Frühstück und Abendessen.
Und die Person, die du abgöttisch liebst,
von der du Befehle erhältst
und befolgst.

Wenn sie mir zu warten bedeutet
wage ich nicht
mich wegzubewegen.
Ich kann ihren Kummer riechen, ihre Freude
versengt mir wie Sonne die Netzhaut.
Manchmal strahlt sie prächtiges Gelb aus.
Ich höre ihren leeren Magen noch bevor sie
weiß, sie hat Hunger.
Ich springe an ihr hoch, belle
ihr meine Anteilnahme entgegen.

Ich folge ihr.
Wohin sie auch geht,
wie sie auch geht.
Ob sie nun rennt. Oder mit eingezogenen Schultern,
hinkt, ob sie Kreise dreht oder umkehrt, um neu anzu-
fangen.

Zeit fängt nur sie ein, im Erinnern
oder Vergessen.
Wo wir gehen, ist: Jetzt.
Wo wir uns niederlassen: Heimat.
Tag oder Nacht, Strand oder Schnee.
Jedes Schicksal schweißt uns
nur noch enger zusammen.

Ich hatte die Idee, aus der Perspektive eines Zebras zu schreiben, nicht aufgegeben. Ich hatte das Projekt nur bis auf Weiteres verschoben in einen der hinteren Räume meines Bewusstseins, vielleicht nicht einmal für besonders lange Zeit. Denn wer wusste es schon, eventuell würde ich bereits in einer der kommenden Nächte als Zebra über eine Steppe galoppieren, von karierten Löwen oder großen, erfrischenden Wasserstellen träumen? Und am nächsten Morgen würde ich aufwachen und mich von einer schwer beschreibbaren Anweisung, die mir dieser Traum gegeben hatte, leiten lassen und den Inhalt in eine passende, vielleicht verzerrte, verschobene, veränderte Sprache transportieren. Ich musste gähnen und beschloss, mich noch für wenigstens zwei oder drei Stunden schlafen zu legen. Denn heute Nacht, sagte ich mir, heute Nacht wird dies nicht mehr geschehen.

Ich warf noch einen letzten Blick aus dem Fenster, bevor ich mein Arbeitszimmer verließ. Nicht mehr lange, und es würde wieder dämmern. Aber ich konnte noch ein paar Gedichtnotizen machen, bevor der neue Tag begann. Und es war gerade noch dunkel genug für ein letztes Bier.

Zitierte Literatur

Nacht oder Sterne sind Mathematik

Benn, Gottfried: *Probleme der Lyrik.* In: *Gesammelte Werke Band 4.* Hrsg. Dieter Wellershoff. Wiesbaden: Limes 1968.

Celan, Paul: *Todesfuge und andere Gedichte.* Hsg. Barbara Wiedemann. Frankfurt am Main: Suhrkamp 2004.

Christensen, Inger: *Alfabet/alphabet.* Deutsch von Hanns Grössel. Münster: Kleinheinrich 2016.

Frost, Robert: »Acquainted With the Night«, »Die Nacht gekannt«. In: *Promises to Keep. Poems. Gedichte.* Zweisprachige Ausgabe. Deutsch von Lars Vollert. 9. Auflage. München: C. H. Beck 2016.

Frost, Robert: *Conversation on the Craft of Poetry.* Hrsg. Cleanth Brooks und Robert Penn Warren. New York: Holt, Rinehart and Winston 1961.

Glück, Louise: »Midnight«. In: *Faithful and Virtuous Night. Poems.* New York: Farrar, Straus & Giroux 2014.

Milton, John: »On His Blindness«. In: *Selected Poems.* Hrsg. Stanley Appelbaum. New York: Dover Publications 1993.

Novalis: »Hymnen an die Nacht«. In: *Werke, Tagebücher, Briefe.* Band 3. Hrsg. Hans-Joachim Mähl, Richard Samuel und Hans Jürgen Balmes. München: Hanser 1987.

Rilke, Rainer Maria: *Das Stunden-Buch.* Leipzig: Insel 1918.

Rilke, Rainer Maria: *Duineser Elegien.* Frankfurt am Main: Suhrkamp 1996.

Scheuermann, Silke: »Das Meer wird geöffnet«. In: *Der Tag an dem die Möwen zweistimmig sangen. Gedichte 2001–2008.* Frankfurt am Main: Schöffling & Co. 2013.

Scheuermann, Silke: »Dieses Licht«. In: *Der Tag an dem die Möwen zwei-stimmig sangen. Gedichte 2001–2008.* Frankfurt am Main: Schöffling & Co. 2013.

Scheuermann, Silke: »Nur die Nächte in Paris waren lang wegen der üblichen zu hoch geschraubten Erwartungen«. In: *Der Tag an dem die Möwen zweistimmig sangen. Gedichte 2001–2008.* Frankfurt am Main: Schöffling & Co. 2013.

Scheuermann, Silke: »Requiem für einen gerade erst eroberten Planeten mit intensiver Strahlung«. In: *Der Tag an dem die Möwen zweistimmig sangen. Gedichte 2001–2008.* Frankfurt am Main: Schöffling & Co. 2013.

Scheuermann, Silke: »Skizze vom Gras«. In: *Skizze vom Gras. Gedichte.* Frankfurt am Main: Schöffling & Co. 2014.

Scheuermann, Silke: *Über Nacht ist es Winter.* Frankfurt am Main: Schöffling & Co. 2007.

Schwarze Romantik. Von Goya bis Max Ernst. Hrsg. Felix Krämer anlässlich der Ausstellung im Städel Museum Frankfurt vom 26. September 2012 bis 20. Januar 2013. Berlin: Hatje Cantz 2012.

Tag oder Was Mrs Dalloway auch noch dachte

Canetti, Elias: *Der Beruf des Dichters.* München: Hanser 1976.

Flaubert, Gustave: *Briefe an Hippolyte Taine.* München: Limes Verlag 1954.

Le Guin, Ursula K.: »Old Body Not Writing«. In: *The Wave in the Mind: Talks and Essays on the Writer, the Reader, and the Imagination.* Boston: Shambhala 2004.

Scheuermann, Silke: »Krieg oder Frieden«. In: *Reiche Mädchen.* Frankfurt am Main: Schöffling & Co. 2005.

Scheuermann, Silke: *Shanghai Performance.* Frankfurt am Main: Schöffling & Co. 2012.

Scheuermann, Silke: *Wovon wir lebten.* Frankfurt am Main: Schöffling & Co. 2016.

Woolf, Virginia: *Mrs Dalloway*. Übersetzt von Walter Boehlich. Frankfurt am Main: Fischer Taschenbuch 2008.

Woolf, Virginia: »Moderne Romankunst«. In: *Der gewöhnliche Leser. Essays.* Übersetzt von Hannelore Faden und Helmut Viebrock. Hrsg. Klaus Reichert. Frankfurt am Main: S. Fischer 1989.

Woolf, Virginia: »Skizze der Vergangenheit«. In: *Augenblicke des Daseins. Autobiographische Skizzen.* In: *Gesammelte Werke.* Hrsg. Klaus Reichert. Frankfurt am Main: S. Fischer 2012

Zwielicht oder Träumen Zebras von karierten Löwen?

Adams, Richard: *Unten am Fluss.* Übersetzt von Egon Strohm. München: Heyne 2002

Amis, Martin: »So macht man das«. In: *Schweres Wasser und andere Erzählungen.* Frankfurt am Main: S. Fischer 2000.

Baker, J. A.: *Der Wanderfalke.* Übersetzt von Andreas Jandl und Frank Sievers. Berlin: Matthes & Seitz 2014.

Keats, John: *The Letters of John Keats.* Hrsg. H. E. Rollins. Cambridge University Press 1958.

Le Guin, Ursula K.: »Old Body Not Writing«. In: *The Wave in the Mind: Talks and Essays on the Writer, the Reader, and the Imagination.* Boston: Shambhala 2004.

Foster, Charles: *Der Geschmack von Laub und Erde. Wie ich versuchte, als Tier zu leben.* Aus dem Englischen von Gerlinde Schermer-Rauwolf und Robert A. Weiß, Kollektiv Druck-Reif. München: Malik 2017.

Scheuermann, Silke: *Die Stunde zwischen Hund und Wolf.* Frankfurt am Main: Schöffling & Co. 2007.

Scheuermann, Silke. »Uraniafalter«. In: *Skizze vom Gras.* Frankfurt am Main: Schöffling & Co. 2014.

Danksagung

An meinen Frankfurter Poetikvorlesungen haben im Hintergrund mitgewirkt:

Susanne Komfort-Hein und Esther Delp von der Johann Wolfgang Goethe-Universität,

Sabine Baumann, Johanna Abend, Simon Schmies und Silke Tabbert vom Verlag Schöffling & Co., der die Poetikvorlesungen unterstützt.

Bei ihnen sowie bei Alexander Paul Englert, Barbara Englert, Wolfgang Schopf, Peter Radde und bei Tao bedanke ich mich sehr herzlich.

Silke Scheuermann
Wovon wir lebten
Roman
528 Seiten. Gebunden.
ISBN 978-3-89561-378-4

»Eine sehr genaue Beobachtung des eher nichtakademischen,
kleinbürgerlichen Milieus mit Gespür für Situationskomik und
skurrile Charaktere.«
Matthias Bischoff, Frankfurter Allgemeine Zeitung

Große Erwartungen an das Leben hat Marten nicht. Er stammt aus
einem problematischen Elternhaus und wächst in einem Umfeld
auf, das von illegalen Geschäften, Schlägereien und Sex beherrscht
wird. Beim Drogenentzug trifft er Peter, einen ehemaligen Restau-
rant- und Clubbesitzer. Peter entdeckt Martens Talent zum Kochen.
Als die beiden gemeinsam das Edellokal Happy Rabbit eröffnen,
kommt es zu einem Wiedersehen mit Martens Jugendliebe Stella,
die ihre Bilder in der Galerie des Restaurants ausstellen soll.
Von einer reichen Tante großgezogen, scheint sie ihm unerreichbar.
Jetzt aber drehen sich die Vorzeichen um: Während Stella um
Anerkennung für ihre Kunst kämpfen muss, avanciert Marten
zum angesagten Fernsehkoch – bis das kriminelle Milieu ihn
wieder einzuholen droht.
Eindringlich und authentisch erzählt Silke Scheuermann von
fragilen Lebensträumen. Ihr packender Entwicklungsroman führt
unerschrocken in menschliche Abgründe. Doch *Wovon wir lebten*
ist auch eine Liebesgeschichte, in der sich am Ende unerwartete
Zusammenhänge aufdecken.

Schöffling & Co.